“茅舍槿篱溪曲”

“门外春波荡绿”

踏上回归精神故里寻古探幽的旅程，

感受乡土的温暖与润泽，

体味精神家园的馨香。

2

国家出版基金项目
NATIONAL PUBLICATION FOUNDATION

“十三五”
国家重点图书
出版规划项目

中国民间文化遗产抢救工程
THE PROJECT TO CHINESE FOLK CULTURAL HERITAGES

中国历史文化名城·名镇·名村丛书

中國歷史文化名村

# 河北 赵村铺


中国民间文艺家协会 / 组织编写
总主编 / 潘鲁生 邱运华
本卷主编 / 马佶 高禄淘



知识产权出版社
全国百佳图书出版单位
—北京—

## 《中国历史文化名村·河北赵村铺》
## 编委会

积聚海量信息 寻觅科学路径（序一）

## 邱运华

传统村落保护是当下中国文化遗产保护工作中最重要的社会性课题之一。对于一个具有绵延五千年不间断农业文明的民族来说，传统村落能否得到妥善保护更是一个文明能否传承的关键问题。

传统村落保护是当代社会发展的普遍问题，不独中国社会存在，西方发达国家存在，东方发达国家也存在。从世界范围看，这是一个国家从欠发达到发达、从农业社会过渡到工业社会、从以农村为主体发展到城镇化生活方式过程中普遍存在的问题。有学者把中国农村经济结构改造、社群建设、新文化建设和整体民生改善工作这一进程，追溯到 20 世纪 50 年代。但我以为，它毕竟不是我们现在所处的整体转向工业化、城市化进程中遇到的课题。中国社会同一性质的乡村保护课题，起源还是世纪之交的 2003 年 2 月 18 日“中国民间文化遗产抢救工程”。2012 年 12 月 12 日，住房和城乡建设部、文化部、财政部联合发布《关于加强传统村落保护发展工作的指导意见》，2014 年 4 月 25 日，除上述三部外又增加了国家文物局，联合发布《关于切实加强中国传统村落保护的指导意见》，两次重申传统村落保护的联合行动。冯骥才先生在 2012 年的一篇文章里把传统村落保护提高到文明传承的高度，我认为非常正确。中国社会各界对传统乡村保护的问题，有着非常积极的呼应。

中国是发展中国家，但是从东部、南部和东南部区域看，具有发达国家的基本特征。农村人口从西部向东部、从村落向城镇转移，是 1990—2010 年之间最重要的社会现象，这一巨大的人口变迁集中表现为城镇人口急速膨胀、传统村落急速空心化，不少历史悠久的自然村落仅仅剩下老人和儿童。因此，传统村落的保护在中国面临的问题，与发达国家相比，具有共同性。例如，从“二战”后恢复到工业化时期，德国和日本先后进行的村落更新或改造项目，具有几个明显特征：一是以激发村落内部活力、发展农村经济作为前提，以改造农村基本生活设施作为基础展开；二是村落更新或再造项目以土地管理法令的再研究作为保障；三是建立了学术界论证、公布更新或再造规划、政府支持的财政额度及投入指向、个性化改造方案与村民意愿表达的有效沟通机制，有效保障村落历史文化、自然风景、公共空间与私人空间等要素。综合来看，先行的国家特别注重传统村落的“民间日常生活”保存问题。

所谓“民间日常生活”的具体含义是什么？乃指传统村落村民群体的方言、交往方式、经济生产活动、衣食住行、生老病死、教育、节日活动、传统风俗、民间信仰活动以及区域性的传统手工艺活动等，以及上述种种的精神性、思想性、文化性、艺术性和物质性表现形态。长期以来，中国传统村落之所以成为民族文化的保留者和传承平台，核心在于保存着这个民间日常生活，它的内容和方式，在民间日常生活的基础上，方可承载不同样式、层次的民族文化。

之所以在这里提出“民间日常生活”作为传统村落的文化基础问题，乃是因为看到目前对待传统村落的两种观点具有一定的欺骗性，并不同程度地主宰和误导了传统村落的基本价值指向。一种是浪漫主义传统村落观，一种是商业主义传统村落观。浪漫主义传统村落观把传统村落理想化、浪漫化，仿佛传统村落是用来怀旧的，象征着一切美好的自然与人类的和谐，田园风光，日出而作，日落而息，男耕女织，像是《桃花源记》里的武陵源，“不知有汉，无论魏晋”。但是，这不是民间日常生活；民间日常生活还包含在落后生产力条件下的温饱之苦、辛劳之苦，是传统村落里百姓的生活常态；生产关系之阶级阶层压迫、政治强权和无权地位，以及在自然面前束手无策，在兵灾、匪患和种种欺男霸女面前的悲惨状态，甚至中华人民共和国成立以来出现过的政治压迫、思想禁锢和社会运动之灾，是乡村浪漫主义者无法想象的，而这，就是大多数传统村落的民间日常生活。文人雅士，在欣赏田园风光和依依炊烟之时，能否探入茅舍，去看看灶台、铁锅和橱柜，去看看大量农夫、农妇的身子，他们是否仍然饥饿、寒冷？或者他们的孩子是在劳作还是就学？商业主义传统村落观呢，则直接把传统村落改造成伪古典主义的模板，打造成千篇一律的青砖瓦房，虚构出一系列英雄史诗和骑士传奇，或者才子佳人和神异仙境的故事，两者相嫁接，转化为商业价值或者政绩价值，成为行政或市场兜售的噱头，这一行为成为当下传统村落“保护”的常态。这两种传统村落观，一个共同的特点是把村落与民间日常生活相割裂，抹杀了民间日常生活在传统村落里的价值基础，从而，也直接把世世代代生活于这一场景的村民们赶出村落，嫌他们碍事，妨碍了我们的浪漫主义和商业主义梦想；他们不在场，我们可以肆意妄为地文化狂欢。那些在民间日常生活中久存的精神性的、思想性的、文化性的、艺术性的符号，均不在话下。但是，假如村民不在场，社群活力不再，传统村落如何是活态的呢？西方哲学有一个时髦术语，叫作“主体缺失”，因为主体缺失，因而话语狂欢。

关注传统村落的村民，无疑是中国传统村落保护的第一要素。但恰好是人这第一要素构成了传统村落的凋敝和乡愁的产生。

1990 年至 2010 年这二十年，随着一些区域传统村落里村民流动性的增强，特别是青壮年村民向东部、东南部和南部沿海地区季节性的流动，极大地影响了这些区域传统村落民间日常生活的展开，减弱了传统村落的社群活力，也相应削弱了传统文化活动的开展。这样，构成传统村落民间日常生活的内容慢慢演变成淡黄色、苍白色，成为一种模糊记忆，抑或转化为一年一度的春节狂欢，最后，演变定格成为日常性质的乡愁。民间日常生活不再完整地体现在现在乡村生活之中。那个完整的民间日常生活，在我们不得不离开它的土壤之后，便蜕变为乡愁。乡愁这只蝴蝶的卵，就是民间日常生活。而伴随着乡愁这只蝴蝶而出现的，却是一个个村落日常生活不断凋敝、慢慢消失。乡愁成为我们必须抓住的蝴蝶，否则，我们的家乡便消失在块垒和空气之中，我们千百年创造的文化便无所依凭。然而，据统计，在进入 21 世纪（2000 年）时，我国自然村总数为 363 万个，到了 2010 年，仅仅过去十年，总数锐减为 271 万个。十年内减少约 90 万个自然村。若是按照这个速度发展下去，三年、五年之后，我们的传统村落便所剩无几了。也就是说，出生和成长在这些村落而现在散居在世界各地的人们，将无以寄托他们的乡愁。若是其中有的村落有几百年、上千年甚至更久远的历史呢？若是其中有的村落有着华夏一个独特姓氏、家族、信仰和其他各种人文景观等呢？

越来越多的学者开始从事传统乡村保护的研究工作，例如《人民日报》2016年10月27日发表了《老宅、流转、新生》为题的介绍黄山市探索古民居保护新机制的文章，还配发了题为《古民居保护，避免“书生意气”》的评论；《中国文化报》2016年10月29日发表了题为《同乡村主人一起读懂文化传承》的文章，提出了“新乡村主义”的概念，在它的题目之下，包含有乡村治理、乡村重建和乡村产业化的多功能孵化等内容。为此，文章提出了“政府在制定政策方面、标准化编列预算、聘请专家团队和NGO组织，进行顶层设计、人才培养、产业孵化和公共服务”四项基本措施，还配发了《莫让古民居保护负重前行》的文章。《光明日报》2016年11月15日发表了题为《福建土堡：怎样在发展中留住乡愁》的报道，记叙了专家考察朱熹故乡福建三明尤溪土堡的过程；记者报道了残存的土堡现状，记录下专家们的意见：政府与社会资本合作的“PPP模式”，面对乡村人口日趋减少的不可逆现实，应该吸引城市中的人回到乡村，将土堡打造为“民宿”，在不破坏现有形制的前提下，实现功能更新。也有专家提出，就保护而言，首先应该考虑当地人，人的利益是优先的，只有做到长期发展而不是只顾短期利益，文化遗产保护事业才能够持续发展，等等。

上述建议，已经超越了简单的乡愁情怀，而诉诸国家土地法规、资金筹措模式、专家功能实现等层次。应该说，在越来越深入研究、讨论的基础上，对传统村落保护的思路越来越宽了，为政府制定传统村落保护法提供了良好的基础。在国家立法的基础上，国家、地方政府组织专家开展普查，确认传统村落的级别，分别实施不同层次的激活、保护、开发，才有坚实的基础。

我理解，通过专家学者的普查、认定，得出的结论一定会有利于政府形成健全完备的保护方案和具体操作措施。一方面，对仍然有社群活力的乡村，实施新农村建设规划，改善其经济机制，改建生活设施，改善村民的生活条件，把工作重点聚焦到提高农业产业框架基础、为居民提供更好的生活环境、增强村庄文化意识、保存农村聚落特征上来。另一方面，为有着特殊文化传承却逐渐凋敝，甚至失去社群活力的乡村，探索一套完善保护的工作模式，形成一种工作机制，并得到国家法规政策的支持和保障，包括土地规划、投资体制、严格的环境保护，建立严格的农民参与机制等，为保留故乡记忆、记住我们的乡愁，留下一系列艺术博物馆、乡村技艺宾馆，产生具有独特价值的“乡愁符号”。

作为“中国民间文化遗产抢救工程”的重要项目之一，《中国历史文化名城·名镇·名村丛书》正是通过众多专家学者和民间文艺工作者辛勤的田野调查工作，在中国民协推动的“中国传统村落立档调查工程”所积聚的海量信息基础上，多学科、多视角地反映当下古城古镇和传统村落现状，发掘传统文化的独有魅力，进而为保护和传承优秀传统文化积累鲜活的素材，汇拢丰富的经验并寻觅科学的路径。相信这套丛书的出版将对古城古镇和传统村落的保护发挥积极作用。

2017 年 3 月

（作者系中国民间文艺家协会分党组书记、驻会副主席）

## 芬芳"乡愁"彰中华（序二）

# 郑一民

站在21世纪桥头，审视中华五千年文明，由历代劳动人民创造并守护的数以万计的历史文化名村、名镇、名城，堪称中华民族可以在世界上引以为豪的珍贵国家财富。在经济全球化、现代化高速发展，城市化进程汹涌而来的今天，保护历史文化名村、名镇、名城，不仅是时代赋予当代国人的神圣历史使命与责任，也是中华民族屹立于世界之林、实现伟大复兴的必然选择。

一个古老的村镇和城市，犹如一位饱经沧桑、阅世甚深的老人，既有深厚的文化积淀，又承载着世代子孙魂牵梦萦的"乡愁"。在古村、古镇、古城之前冠以"名"字，其历史文化价值更是非同凡响。她所承载的物质与非物质文化遗产，既是传递民族血脉和熏陶锤炼民族美德、优秀品格的重要精神食粮，也是构建社会主义核心价值观和具有中国特色美好家园的重要基石。在我国现代化建设快速发展中，科学记录和保护历史文化名村、名镇、名城的人文历史、自然风貌和各种原生态信息，是一件功在当代、利在千秋的伟大事业，对研究、传承、弘扬、创新中国传统文化和实现中华民族伟大复兴，具有深远的历史意义和重要的现实意义。

探究中华文明之河，始于涓涓，终于浩浩。历史文化名村、名镇、名城就是其中的“涓涓”，数以万计的涓涓才汇就中华文明的浩浩大河。作为“涓涓”，每一个名村、名镇、名城虽有体量大小之别，但都是一个自然的社会单元。她们是历代先人适应自然、利用自然、实现“天人合一”的见证，也是创造文明、积淀文明、传承文明的家园。其保存的年轮印痕、光阴故事、人生观、审美观、习俗信仰和生产、生活、居住方式等，犹如一部部五彩缤纷的百科全书，承载着民族的历史记忆和文化基因，闪烁着民族的智慧与品格，慰藉着我们的心田与灵魂，涵养着泱泱中华。从这个意义上讲，历史文化名村、名镇、名城是中华民族物质与非物质文化最大最重要的载体，保护名村、名镇、名城就是保护中华优秀传统文化。

著名文化学者罗杨在论述古村镇保护时说：“人类文明的进化不能没有积累和继承，历史的车轮可以碾过如梭的岁月，但不应拆毁我们心灵回归故里之路。”遗憾的是，在经济社会快速发展中，对古村镇和古城的保护还没有引起世人的应有关注和重视，致使不少古村镇和城市古街区在既无完整文字记载又缺乏图片记录的情况下，便在时代洪流中消失了。针对这种现状，中国文联、中国民协在全国实施了中国传统村落立档调查工程。在此基础上，我们在中国民协和河北省委宣传部大力支持下，2016 年 10 月在全国率先启动了《中国历史文化名城·名镇·名村丛书》河北卷的编纂出版工作。

《中国历史文化名城·名镇·名村丛书》是由中国民协承担并在全国组织实施的中国民间文化遗产抢救工程重点项目之一，也是继中国民间文学三套集成之后在全国开展的又一项具有重要影响的浩大基础文化建设项目。河北列入这项文化工程的历史文化名村有 190 个、名镇 18 个、名城 12 个。根据编纂方案要求，我们将对每个历史文化名村、名镇、名城单独立卷，力求以质朴、简明的文字，图文并茂的形式，从历史学、社会学、民俗学、建筑学、文化学等视角，客观、准确、简洁、鲜活记述名村、名镇、名城的历史与现状，阐释每个名村、名镇、名城独有的文化内涵与价值，彰显河北历史文化名村、名镇、名城特有的魅力与精彩，惠及当代，传之后世。为了使读者检索、查阅、研究方便，本套丛书在编纂过程中将以“中国历史文化名村河北卷”“中国历史文化名镇河北卷”“中国历史文化名城河北卷”三个系列问世。

家园需要呵护，硕果需要众人浇筑。完成这

项浩大的文化工程，需要数以百计的作者和知识产权出版社编辑们几年的奋斗，无论田野调查拍摄还是梳理编撰，皆充满艰辛与探索。但耕耘者向来是不怕困难的，硕果会因此更香甜，社会发展会因这些成果更精彩，共和国文化建设会因大家的奉献更加炫目！

俗话讲，金无足赤。由于编者知识水平有限，又无前人研究成果可借鉴，书中谬误之处难免，敬请各位方家和读者批评指正。

2016 年 10 月 30 日

（作者系河北省民间文艺家协会主席）

中国历史文化
名城·名镇·名村丛书

中国历史文化名村

# 河北赵村铺 | 目录

Famous Villages, Famous Towns, Famous Cities of Chinese Historical and Cultural Series

The Chinese Famous Historical and Cultural Village

# Zhaocunpu Hebei | Contents

## 引 言

赵村铺村位于太行山东麓低山地带，属河北省石家庄市井陉县北正乡管辖，东南距井陉县城13公里，南距北正乡政府驻地4公里，秦皇古驿道自西向东从村中穿过，西距汉唐天护古城2公里、井陉矿区政府4公里，东距威州古城7公里。

赵村铺村有500户、2000口人，主要姓氏有高、王、杨、张、焦、胡、李、许、贾、孟等。村东为坡梁地，赵村铺村坐落在井陉盆地三川之首横涧川，历史上这里地下有大量的煤炭资源。现本村

↓ 赵村铺村全景

↑ 村中古木

以耕种为主，林果为辅：耕地2200亩，山场500亩；林果200亩，5000株，主要有核桃、苹果、梨、柿等品种。

赵村铺村位于北纬38° 01′ 18″ —38° 08′ 03″ 、东经113° 58′ 50″ —114° 06′ 08″ 之间，属于北温带大陆性季风气候。这里四季分明，气候宜人。早春，麦苗绿油油，春意融融；盛夏，玉米挺拔屹立，生气勃勃；暮秋，农家挂柿，硕果累累；隆冬，雪山冰壁，银装素裹。

赵村铺村依山顺梁而建，聚落呈带状分布，建筑面积达2.35平方公里，村庄面积370亩，始建年代不详，经历代修缮扩建，村中标志性建筑有龙王庙、古戏楼、长福阁、保泰阁、文昌阁、魁星阁、高氏祠堂、王氏祠堂、牌楼、古桥。古宅老院，保存完好；石磨、石碾、石臼、石碌碡、石槽、石台阶等随处可见；手工技艺独具特色；传统节日、婚丧嫁娶，魅力十足；传统物产、地方小吃，别具一格；古今圣贤，声名远扬。赵村铺村是一个文化小山村，文人名医辈出。千百年来流传的精彩传说与这里的一草一木相伴而生，古老的街巷，庙、墓碑刻，使赵村铺村成为一个不可多得的文化活库。

赵村铺村是镶嵌在太行山麓的一颗璀璨明珠。中华人民共和国成立以来，历届县委、县政府极其重视对村中古迹的保护。

1987年被县委、县政府命名为“文明村”；

1997年被县委、县政府评为“小康村”；

2001年被县委、县政府评为“首批文化示范村”；

2013年被评为井陉县“八大拉花培训基地”之一；

↓ 村南民宅远眺

2013年被定为井陉县“农村文艺辅导基地”；

2014年被河北省民俗文化协会评为“民俗文化名村”；

2014年井陉县举办“首届民俗文化游暨赵村铺村第十二届农民文化艺术节”；

2014年河北省文化厅艺术处、河北省群众艺术馆有关领导到赵村铺村视察指导；

2019年6月入选第五批“中国传统村落”。

赵村铺村已成为河北省井陉县对外交流的重要窗口。赵村铺村是一个历史悠久，文化底蕴深厚，有着上千年历史的文化名村。赵村铺村是一个灵山绿野孕育出的神奇古村落，也是保留着大量文化遗迹的传统村落。

↓ 草木葱郁的赵村铺村

中国民间文化遗产抢救工程

THE PROJECT TO CHINESE FOLK CULTURAL HERITAGES

赵村铺村始建于何年何月，地方史料与文献没有明确的记载。井陉矿区东王舍村志记载，赵村铺村在北宋熙宁年间从山西迁来，距今已有上千年历史，是名副其实的古村落。

↓ 千年古村落赵村铺村

# 第一章
# 历史溯源

# 历史回望

太行山脉有“八陉”，包括军都陉、蒲阴陉、飞狐陉、井陉、滏口陉、白陉、太行陉、轵关陉，井陉为第五陉。据说，当年周穆王东巡打猎路过此地，见这里四方高、中间低，形状就像一口井，又像灶边突出的部分（如灶之陉），便将此地命名为“井陉”。赵村铺村就坐落在这片古老的土地上。赵村铺村是历史悠久的古村落，秦皇古驿道穿街而过。早在北宋熙宁年间就有人居住，距今已有上千年的历史。

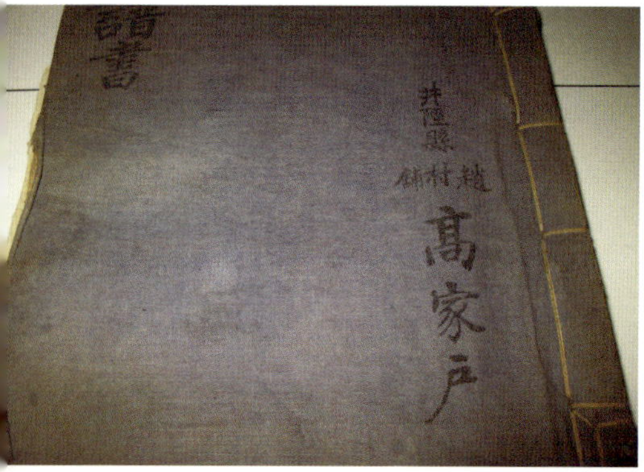

↑ 高氏谱书

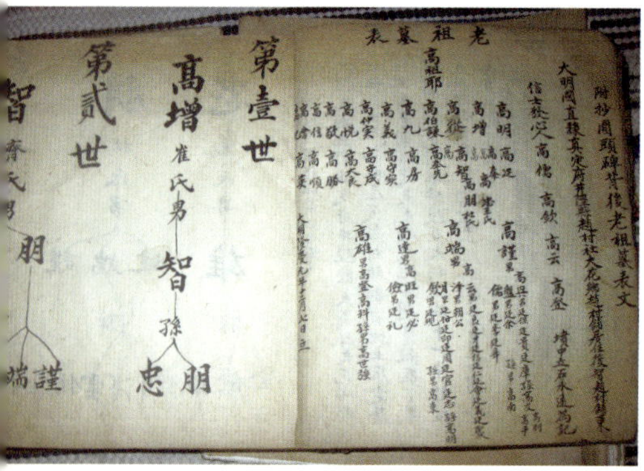

↑ 高氏谱书内页

据高氏族圆头碑前祭台石文记载，大明正德年间，赵村铺村归直隶真定府井陉县天威郡大花乡管辖。清顺治十年（1653），赵村铺村归马山社管辖，清雍正元年“真定”改为“正定”。雍正四年（1726）井陉县分为14社：城社、青泉社、赵村社、东冶社、宜安社、井陉社、蔡庄社、西贾社、秀岭社、良都社、耿庄社、风山社、马山社、天护社。据清代杨克家墓碑记载，光绪三年（1877）井邑赵村铺归风山社管辖。另据王大成、王稳墓碑记载，光绪十五年（1889）井邑赵村铺归赵村社管辖。据高润、高天禄墓碑记载，光绪十七年（1891）井邑赵村铺归马山社管辖。据王作楫墓碑记载，光绪九年（1883）井陉县赵村铺归赵村社管辖。据王正邦墓碑记载，宣统二年（1910）井邑赵村铺分属赵村社。可以断定清代赵村铺主要归正定府井陉县马山社、赵村社、风山社管辖。1937年10月14日，井陉以正太铁路为界，路南划归晋冀鲁豫边区政府管辖，路北划归晋察冀边区政府管辖，赵村铺归路北政府管辖。1948年1月13日，路南路北政府合并。1947年11月，井陉县划出四十个村，同时设置井陉矿区，赵村铺便是四十个村之一。1950年4月，赵村铺划归井陉矿区，又归石家庄市管辖。1953年5月，井陉矿区将四十一个行政村划为十一个乡：周家炕乡、贾庄乡、高家庄乡、白彪乡、横涧乡、王舍乡、北正乡、南陉乡、赵村店乡、赵村铺乡、南寨乡。1953年7月，井陉矿区将十一个乡分为九乡两镇，赵村铺为九个乡之一。1956年5月，井陉矿区将十一个乡镇合并为五个乡镇，赵村铺归赵村店乡管辖。1960年3月，中共井陉煤矿人民公社成立，并分为五个分社，赵村铺归五分社管辖，1963年归天护公社管辖。1965年，赵村铺又归井陉县北正公社管辖。1980年“公社”改为“乡”，赵村铺村革命委员会改为赵村铺村管理委员会。1989年，赵村铺村管理委员会改为赵村铺村民委员会。

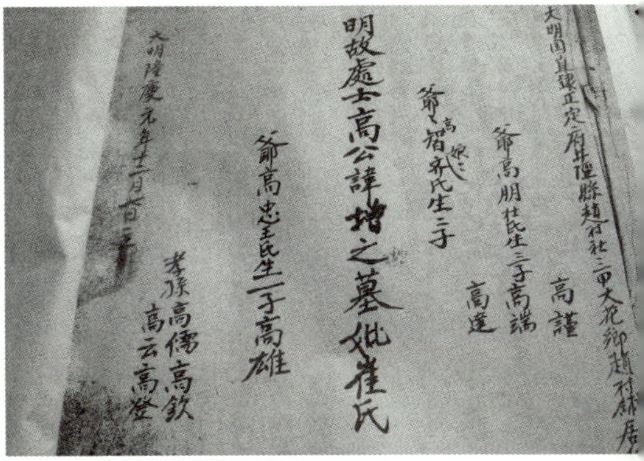
明故處士高公諱增之墓 妣崔氏

↑ 高氏谱书内页

# 历史事件

清乾隆二十四年（1759），王家十三世王纶弟兄移居关东棉花地居住。清光绪六年（1880），村民高奉天、高顺天、高若天兄弟三人及其父高林移居关东棉花地居住。

据高氏谱书记载，家族六世“廷”字辈的二十七个弟兄留存至今的只有“云字辈”“月字辈”的老四股，七、八、九世共绝了二十三股。其原因说法较多，据查，赵村铺这一时期发生过严重的传染病“窝寒病”。

民国十七年（1928）直奉大战，奉军由古道过村，井陉为战区，奉军中有王姓军官到王氏家祠祭拜先祖。

↓ 高润墓碑

# 挂在匾额上的历史

赵村铺村木匾额多是清朝年间制成，沿街门户多悬挂木匾额，古街现存旧大门仍留有痕迹，现仅存一块木匾额。

## “追远堂”金匾

此匾为木质，原悬挂于高氏祠堂，匾长1.65米，宽0.65米，厚0.05米。明万历年间，高家在东街南边建高氏祠堂，于高氏祠堂悬挂“追远堂”金匾一块，意为追记怀念高氏先祖，后被毁。2015年重刻金匾一块，悬挂于高氏祠堂大门口上方。

## “岁进士”金匾

此匾为木质，原悬挂于王绪家大门口上方，“岁进士”三字为木雕刻。匾长1.6米，宽0.6米，厚0.05米。左款：钦命王绪为岁进士，落款：嘉庆五年庚得岁贡生王孰中立。现存村民王二毛家。

↑ “岁进士”金匾

## “赐进士”金匾

此匾为木质，原悬挂于高瑛家大门口上方，后被毁。匾长1.6米，宽0.6米，厚0.05米。清康熙五十四年（1715），高氏十一世高瑛进士及第，御赐“赐进士”金匾。高瑛官至学正，建进士公门第。

### “海屋添寿”匾

此匾为木质，原悬挂于王英魁家大门口上方，后被毁。匾长1.6米，宽0.6米，厚0.05米。据王氏十九代王英魁回忆，自家门口悬挂“海屋添寿”匾一块，清光绪六年（1880）祖上出过武生一名。

### “棠棣春风”匾

此匾为木质，原悬挂于高瑛家大门口上方，后被毁。赵村铺村高家十九代高纪堂现居北京，是一名退休干部，忆自家门口悬挂“棠棣春风”匾，祖上出过进士、举人、贡生。

↓ 南街高小平家旧宅院

## “和惠清夷”匾

此匾为木质，原悬挂于高锡儒家大门口上方，后被毁。匾长1.6米，宽0.6米，厚0.05米。高锡儒出身医学世家，医术精湛。

## “急公好义”匾

此匾为木质，原悬挂于高杰奎家大门上方，后被毁。匾长1.6米，宽0.6米，厚0.04米。高家十六世高杰奎曾被村民推举为村长，此人办事公道，豪爽正直，助人为乐，善恶分明，多次为抗日边区运送物资。后被敌人抓住，严刑拷打，最终英勇就义。村民敬送“急公好义”匾一块。

↓ 高瑛家二进院门楼

## 人文古村落

赵村铺村的私塾早在清朝前期就已兴办，由王家、高家两家族自办，由家族中有功名人士、学问者执教，学习方式以背书、写字、做文章为主，内容包括《三字经》、《百家姓》、四书五经等。读书不仅为学古文、家训，更是为了求取功名。据高氏宗谱记载，清康熙五十年（1711）进士门里二道门内被辟为北校，学生们农闲时读书，农忙时种地，耕读两不误，这种模式既兼顾实践又能增长才智学识。全村出了二十多名文人名士。民国初期，赵村铺村维新人员提倡废除封建私塾，创办国民学堂。高家十七世孙高世昌，师范毕业，善良诚恳，饱读诗书，博学多才，在其父高杰魁的言传身教下很有作为。由此人与王家等人创办的学堂设在村西龙王庙的两个大殿，学生为本村农家子弟，那时也叫胡萝卜学校，原因是农家刨完胡萝卜后无农活可干，有时间坐下来识几个字。学堂以认字为主，教材有《百家姓》《千字文》《三字经》（也称杂字学）。1933年，井陉县在天护建有高等小学堂，学生多往天护读书。赵村铺自办初级小学，由王富忠、高锡俊任教师。20世纪50年代，赵村铺成立赵村铺小学，属于完全小学，附近农民子弟多在赵村铺就学。从有记载的明末到清光绪年间，全村就有进士4人、举人3人、贡生4人、监生13人、增生4人、仕郎1人、庠生6人、生员34人，有功名人士近百名。在这200多年的时间里，一个偏僻的小山村，人文蔚起，科甲蝉联，被横涧川的十里八乡称为“文化村”。自1977年恢复高考以来，考上重点大学的就有89人，其中考取清华1人，博士7人，硕士13人。

秀山绿野

赵村铺村坐落于太行山东麓山区地带，周围群山环抱，环境优美。村庄沿土梁而建，秦皇古驿道由西向东穿村而过。村中有东、西、南三条大街，形成丁字街，街区不仅有丰富的文物古迹，还留存着不少历史建筑：保存完好的古街巷和明清古民居院落、宗族祠堂。长福阁、保泰阁、文昌阁三阁，分别建在三条古街道上，为村庄的三道门。古树、石狮、古井屹立在村庄丁字街中心。这些景象构成了和谐美丽的自然人文环境，成为历史的见证。

↓ 高氏祠堂旧墙

# 第二章
# 古建名胜

↓ 赵村铺代表性民居——瓦房

# 古街巷

赵村铺村东、西、南三条大街，形成丁字街，是南来北往必经的交通要道。节日庙会期间，布匹、杂货、小吃、农用土特产品等各种摊点布满东、西、南大街。四面八方的亲朋好友纷至沓来，会集到赵村铺村。街道两边及各巷道内人来人往，村内每家每户宾朋满座。

赵村铺村至今保留11条古巷。这些古巷由当地的石材——青石铺设而成。或高或低的石墙、砖土墙，围成一条条弯曲的小巷和胡同，形成别具特色的古巷。沿着凹凸的路面，走在或弯或曲、或宽或窄、或上或下的小巷里，踩着错落有致的石板路，体验远离城市喧闹的那份宁静，感受古朴的乡土气息，聆听充满神奇色彩的故事，犹如在历史长河中漫游。

## 东街

西起石狮子，东至长福阁，称“东街”，长94米，宽4米，居民35户。有长福阁1处，高氏祠堂1处，高氏古宅院5处，高瑛进士院1处，商铺1处，小巷5条。

## 西街

东起石狮子，西至文昌阁，称“西街”，长60米，宽5米，居民15户。有文昌阁1处，商铺1处，药铺1处，小巷3条。

↑ 东街会文胡同

↑ 东街北胡同

东街小胡同

影壁墙

东街东头

古民居过道

↑ 南街

↑ 后场巷

## 南街

北起石狮子，南至保泰阁，称“南街”，长114米，宽4.5米，居民30户。有保泰阁1处，王氏祠堂1处，高氏古宅院3处，王氏古宅院5处，小巷5条。

## 后场巷

南起东街西头，北至村外北后场，称“后场巷”，长100米，宽1.5米，原有居民8户。以前是正月十九过会的集中场所，后来随着社会的发展和赵村铺村文艺队伍的壮大，过会的集中场所改换至更为宽敞的地点。现在大部分居民迁于新居。

## 南格栏巷

北起东街东头，南至村外南场顶，称“南格栏巷”，长100米，宽3米，原有居民12户，现大部分居民迁往新居。原有一棵百年楸树，20世纪60年代被伐。部分民房仍留存。

## 西巷

南起西街中段，北至村外，称“西巷”，长110米，宽2米，原有居民30户。清嘉庆年间，“岁进士”王绪曾在此居住。因煤矿挖煤，大部分居民搬迁到村南，现部分民房仍留存。

↑ 南格栏巷

↓ 西巷

南街南段全貌

村南一角

南街南段

在村南阁向村北拍摄南大街

牛角院胡同

南街中段

# 民居·祠堂

赵村铺村古民居宅院大多是明清风格，依地势建；多为土、木、石结构，用灰渣、石灰抹平，建筑材料多为当地树木和山石；宅内都设有神龛，家家有上房的梯子。民居宅院建筑格局多为四合院、二合院，布瓦硬山楼式建筑。

↓ 南街张九思家门楼

赵村铺村别具特色的门楼，是一家主人的“门面”，直接反映主人的社会地位和经济水平。门楼的高低大小、砖瓦材质、彩绘砖雕都有规定，应与身份相符。门楼的花样包括通天带瓦、带挂落、带出川、带走廊。雕刻精美的门石与房屋连为一体，门窗、房梁多用当地木材，正房带立柱，柱础石多种多样。沿街古门楼民居房开商铺，家门也是木板搭的店门。赵村铺村自古以来虽没有重臣或富商，但每家每户的门楼却各有特色。

↑ 高瑛进士古院落大门口

## 高家三进院

高家三进院位于赵村铺村丁字街的东街中段北，坐北朝南，现存大门口门楼、二进院门楼，三个院落呈品字形分布，占地约三亩。北院为主宅，共有三进院。东院、西院与北院隔街相望，并排而建，都是北方农村常见的古式瓦房住宅。三进院主宅建设较为考究。大门临街，门楼为起脊灰瓦硬山式房顶，大门口下方左右有一对雕刻花石门墩，中间有石门槛，大门外临街两侧分别放着一尊“L”形上马石。沿石头台阶而上，迎面是木质大门、石质门槛。门槛前面是一块0.8米见方的“垫脚石”，又叫“石面”，即“世面”的谐音，寓意为“见过世面”。门楣上方原本悬挂着一块“赐进士”金匾。古时凡是经过这里的文官都要下轿，武将都要下马，以示敬意。进入大门，穿过门洞，迎面是一堵影壁，俗称“影壁墙”。转过影壁，墙角下是一口北方旱庄常见的古水井。一进院东西长，南北短。二进院大门为独立过厅式瓦房大门，二门里面是木质屏风门，门楣上悬挂着一块匾额，上书“棠棣春风”四个大字。平常日子屏风门不开，只有重大节日或婚丧嫁娶等重大事件，以及接待重要客人时才打开。二进院是北方山区农村典型的南北长、东西短的四合院。院落中央靠近屏风门处有一棵高大挺拔的松树，西南角有一棵主干如鸵鸟状的紫荆树，西厢房窗户下有一棵牡丹，东北角有一丛芍药。三进门不复存在。三进院东面是一个偌大的牲口院，族人称其为“头户圈”。“头户”是乡民对骡、马、牛、驴的总称，它们是农耕时代主要的交通、运输力量，因此被称作“头户”。所谓“旗杆”是进士及第的标志之一，早已佚失。如今只有两块夹旗杆石底座，置于北院主宅门对面东、西院大门中间的南墙脚下，从中或许能窥见昔日的荣光。

↓ 王开印家二进院

↑ 王扩家古院落大门口

↑ 高氏祠堂

## 王家二进院

王家二进院位于南街中段，坐东朝西，临街大门口用蓝砖垒砌，装饰门面。有鼓门墩石一对，门面为灰瓦硬山式房顶，兽头瓦当；木门楣占整个门楼的1/3，门楼整体布局合理严谨，充满古朴厚重的民间工艺气息。二进门门楼为起脊灰瓦硬顶，设计精巧古朴；外墙用蓝砖碎石垒砌，白灰勾缝；内墙用土坯砌筑，麦秸泥抹平，白石灰泥抹平装饰外表。此院为四合院，正房3间，两厢房各3间。这种砖瓦石木土建筑结构既节省材料，又冬暖夏凉；既布局合理，又具地方特色。

## 高氏祠堂

高氏祠堂位于赵村铺村东街中间街南，坐南朝北。始建于清光绪十四年（1888），重修于2015年7月。南北长25米，东西宽13米，总面积325平方米。高氏祠堂大门口，临街门楼为起脊灰瓦硬山式房顶，大门口下方有一对雕刻花石门墩。门楣上悬挂着“高氏宗祠”木雕刻金牌匾。大门口门楼两侧各有一间房。二进院门楼为起脊灰瓦硬山式房顶，木质圆立柱，木板屏风，木门槛。高氏祠堂正房是供奉“祖案”的地方。正房为三大间，起脊灰瓦硬山式房顶，五脊六兽，带有前檐，前檐有木质圆明柱两根，右侧立高氏祠堂石碑一通，1998年12月被毁，正门上方悬挂着高氏祠堂堂号“追远堂”木雕刻金牌匾，5级石台阶，房内正前方墙壁中间悬挂高氏二十四代族谱，东侧建耳房三间。

↑ 高氏祠堂正房

↓ 高氏祠堂

↑ 王氏宗谱案

## 王氏祠堂

王氏祠堂位于赵村铺村南街中间东侧，坐东朝西，长5.50米，宽3.00米，高5.10米，门前阳台南北两侧各长2.00米，宽1.50米。始建年代不详，中华民国五年（1916）再建，2010年重修。王氏祠堂是起脊灰瓦硬山式房顶，前墙大门两侧各有木质圆明柱，5级石台阶，大门口上方悬挂“王氏家祠”木雕金牌匾一块。堂内正中墙壁上悬挂王氏家族二十四代族谱，有王化新家族九代人的谱系“济川公九族谱系”石碑一通。

↓ 王氏祠堂

## 瓦房

瓦房为清代建筑风格，一般为四合院或三合院结构，起脊灰瓦硬山式房顶，所用的主要建筑材料是木材、土坯、石块，基本与木质结构的平房相仿。不同的是，瓦房所用的大梁为双层，下层叫大梁，尺寸与房屋长度不一样，通常为4米或5米，上一层叫二梁，通过两个0.6~0.7米的立柱支撑，横卧于大梁上，但较大梁短1.3~1.6米，二梁正中再竖一支柱，与大梁形成三角形支架。支架上敷檩，檩上敷椽，椽上敷苫板，然后铺灰泥或红土泥，敷板瓦。瓦为两样，一是板瓦，二是筒瓦，上瓦时，先敷板瓦，再在两行板瓦中间敷一行筒瓦，以此类推，直至房顶全部敷完。在正脊上两头

↓ 村东街高锡儒家老宅

↑ 瓦房局部

↑ 瓦房局部

↑ 古民居影壁墙

可安装烧制陶瓷寿头，瓦房的屋顶最下方安装猫头瓦和滴水，一为美观，二为流水。瓦房与平房相比，所用木材较多，但样式美观，经久耐用，冬天不用扫雪，是当时富有农户才能盖得起的房屋。

## 平房

平房为赵村铺村村民住宅， 自明清至今已有数百年历史，且多为四合院。房屋主体由梁檩、椽、木柱子支架构成，墙体所用材料为青石块、砖、土坯，房顶以煤渣和白灰泥混合为渣泥压砸抹平为宜，俗称为四梁八柱的平房，也叫木架房。平房一般坐北朝南，北面为正房，正房中间为客厅，东西间为卧室。东西为两

↓ 平房门楣

↑ 村东平房

厢房，南为邻街，临街为大门口，有顺直门和正门，一般多为顺直门，开在邻街的左侧。大门口两侧下方有石门墩各一个，每个门墩石正面为石雕图案，两石门墩中间，有一挡门板，上方有门楣。一般四合院上房长10~12米，宽4米，小四合院长7.6米，宽8米。平房所用木材较少，且房高低于瓦房，更利于保暖，屋顶还可晾晒粮食，对普通农户来说更为实用。

↓ 村东南格栏巷高栓栓家老院

# 古槐·古柏·石狮·古井

赵村铺村有着千年历史，村里曾有一批千年古槐、古柏，千百年来，村民在这里繁衍生息，过着日出而作、日落而息的悠闲生活。人们爱惜这里的一草一木、一鸟一兽。而今这里保留了柏、槐、柿、桑、香椿、梨、桃、枣、核桃树等几十种树木；生长着艾草、蒲公英、远志（小鸡草）、枸杞、马齿苋、茵陈（白蒿头）等近百种野生药材；栖息着野兔、野鸡、喜鹊、啄木鸟、鸽子等数十种飞禽走兽；家养动物有骡、马、驴、牛、羊、猪、鸡、鸭等。正因为村民与自然相依相生的生存方式，这里不仅充满生机，也留下了不少脍炙人口的传奇故事。

↑ 柿子树

## 古槐

古槐，种植于赵村铺村石狮子街旁西侧5米处，树径1.60米，树干高8米，树冠覆盖面积达100平方米，呈弯腰状。传说古槐有千年历史，人们常在此闲聊。正月，树下要搭台唱戏。村民开会议事、各种娱乐演出、摆地摊做买卖也都在树下进行。人们

↑ 椿树

给古树披上红布，求上天赐福。可惜20世纪80年代古槐枯死。在东街和南街还有数棵槐树，但都被砍去了。

↑ 槐树

### 古柏

古柏种植于高氏祠堂院内，树径0.5米，树干高10米，树身苍劲挺拔，外皮苍老，但枝叶繁茂，院中两棵古柏，像两条巨龙立于天地之间，一同守护着高氏祠堂。20世纪80年代古柏被毁。在黄岸沟高氏墓地、北坡王氏墓地和东坡高氏墓地，均有古柏数十棵，可惜都已被砍伐。

↓ 桑树

↑ 石狮

## 石狮

石狮位于赵村铺村中心，明嘉靖二十四年（1545）立。高1.40米，底座长0.65米，宽0.58米。大石狮旁边还有一头小石狮，小石狮不知何时身首分离。石狮大都放在路口，一为装饰，二为镇邪。传说，赵村铺村建好后，有一日，一位名人骑马路过，自言自语道：“赵村铺村好啊，如有一尊石狮来镇村就更好了。”说完扬长而去。他的话被人们听到后，村民凑钱买了一尊石狮，放在村子的中心街道。从此，这里就成了人们聚会、议事、娱乐的地方。可惜2008年12月石狮被盗。2009年人们又买了一尊石狮放在原来的地方。

## 古井

赵村铺村地处台地，地势较高，村西与古村有十几米的落差，处于一个地下断层带，地下水源缺乏，自古就是旱庄，人们世世代代靠雨水生活，因此赵村铺村处处可见古老的旱井，这些旱井往往有着几百年的历史。旱井靠雨水来储蓄饮用水，所以沿街、农家院里、场边、地头、道旁均修建了旱井。

↑ 旱井

↑ 古井

# 五龙桥·秦皇古驿道

## 五龙桥

五龙桥，明代天启二年（1622）建。东西桥上两边为石护栏，石栏板上雕刻五龙，护栏石柱雕有石猴像，栩栩如生。五龙桥东面是文昌阁，五龙桥西面是通往天护古城的秦皇古驿道，五龙桥南面是古戏楼，五龙桥北面是龙王庙，桥南面有一石台阶，人们可以坐此看戏。桥地面及桥北东面是石头大坡，桥洞地面全是青石板铺路。五龙桥为单孔石拱桥，高3.5米，长12米，宽4米。1966年因修万亩渠，桥上石雕龙栏杆被毁，桥洞遗存，桥上垒起石砌水渠墙两面，渠水从桥面上过，桥洞上方中间，朝东一面刻有“为人民服务”，朝西一面刻有“胜天桥”。1978年，万亩渠上提30米改线，五龙桥上方改为赵村铺村外环路，建桥时间记载在龙王庙重修碑记中。

## 秦皇古驿道

赵村铺村秦皇古驿道属于北道，穿村东西向而过，秦皇古驿道长2000米，宽4米，青石铺道。公元前221年秦始皇统一中国后，书同文、车同轨，曾多次动用人力加宽战国时期的井陉盘山道路，建成举世闻名的秦皇驿道，即由当时的京城咸阳出函谷关、渡黄河，北上到晋阳，东下井陉至东垣与咸阳通辽东的大道相汇合。两汉时期井陉为常山重镇，井陉驿道为重要驿道。当时井陉县城原址设在井陉县中北部的天护村，故井陉部分道路除沿用秦驿道外，又另辟北线通道为驿道。秦皇古驿道从晋冀边界的太行古塞娘子关，经南峪、蔡庄、古县城、石桥头、凤凰岭、横涧大石桥、赵村店宋政和石桥、汉唐天护古城、赵村铺石板道、青石岭、威州古城，出平望入获鹿，通华北平原。

↑ 五龙桥

↓ 秦皇古驿道

↑ 惠民桥

↑ 泄洪桥

↑ 秦皇古驿道桥洞

# 庙宇楼阁

## 龙王庙

龙王庙坐落于村西五龙桥北边，坐北朝南，南北长25米，东西长20米，占地面积约500平方米。龙王庙始建于明万历二十四年（1596），重建于明天启二年（1622）。龙王庙建筑为起脊灰瓦硬山式房顶，庙内建北大殿六间，东三间，正殿砖、木、土结构，青石砌基，灰瓦复顶，正脊卧龙，斜脊跑兽，气势宏伟，斜脊四角悬挂小铜铃，殿内壁画上是各路神仙，腾云驾雾，栩栩如生，供奉泥塑太上老君骑牛神像。民国二十二年（1933）老君泥塑神像被移至长福阁内。明天启二年（1622）建钟鼓楼两座，庙内有一口铁铸大钟，高1.50米，二人合围，20世纪50年代被毁。龙王庙大门外两侧立有建修碑和重修石碑，大门里有影壁，后来龙王庙作学校使用，直到1980年教学楼建成才停用。20世纪90年代，龙王庙坍塌，建筑荡然无存，建修碑和重修石碑仍立于遗址处。现为五龙桥公园。

## 长福阁

长福阁位于村东，坐东朝西，秦皇古驿道穿阁而过。北侧有石台阶12阶。下层石砌长8.40米，宽6.50米，高4.65米。上层楼阁长5.50米，高4.00米，宽4.00米，建筑面积60平方米，由当地蓝砖、土坯、青石垒砌。明崇祯四年（1631），高廷举、高槐、高应星以及高应雷祖、父、孙合众人之力修建。长福阁建在台地东边，地势落差很大，形成大坡度，所以又叫“东阁坡”。长福阁由光滑明亮的大条石砌基，外墙有4米高的大石墙护卫，阁楼为砖木土坯结构，筒瓦复顶，正脊卧龙，斜脊跑兽。阁中曾供奉玄天大帝，后转而供奉太上老君。

↑ 长福阁

### 保泰阁

保泰阁又称“南阁”，位于赵村铺村村南，东西侧为民房，南侧为大道，北侧为大街，阁的西侧建有石台阶12阶，阁上建有关帝庙，坐北朝南。保泰阁石券分为四拱，从南往北，第一拱券长3.80米，第二拱券长1.80米，第三拱券长5.75米，第四拱券长3.25米，石券总长为14.60米，墙体高1.70米，券口高1.60米。下层长14.6米，宽7.36米，高3.90米。上层长6.70米，宽5.98米，高5.30米。阁洞长8.46米，宽3.32米，高2.87米。南阳台长6.70米，宽4.46米，北阳台长6.70米，宽4.40米。保泰阁始建于明崇祯六年（1633），有几

↑ 保泰阁庙内匾额

长福阁正面——航拍

长福阁内景

长福阁正面

长福阁阁洞

长福阁上层

↑ 保泰阁上层

次重修，年代不详，石券为1963年加修。建于平整地面，建筑面积107.72平方米。保泰阁以大条石砌基。阁楼前后有平台，歇山重檐，筒瓦复顶，正脊卧龙，跑兽玲珑，气势恢宏。南面有石刻“威镇乾坤”四个大字，北面刻有“保泰阁”三个大字，长梁虹跨，肘木纵横，巧设格局，前后开门，立柱紫漆，门窗铁红，大方稳重。保泰阁上还供有泥塑观音像，为祈求孩子顺利成长、家人平安健康，村民常带着香、箔、供品，到保泰阁上焚香跪拜。

↓ 保泰阁正面

## 文昌阁

文昌阁又称“西阁”，倚秦皇古驿道所建，位于赵村铺村西，东侧为大街，西侧为五龙桥，南侧为民房，北侧为民房，北侧建有石台阶7阶，可到阁上。文昌阁坐西朝东，与长福阁遥遥相对，相距一百余米，上层长5.90米，宽5.45米，高4.40米。下层长6.60米，宽6.40米，高3.85米。东阳台长5.90米，宽1.36米，西阳台长5.90米，宽1.50米，台阶8阶。清乾隆十二年（1747）重修，建泥塑文昌帝君神

↑ 文昌阁走廊

↓ 文昌阁正面

像。文昌阁也是秦皇古驿道必经之路。文昌阁所建台地西头，地势高与村西地形成大坡，石头铺地光滑闪亮，坡度较大，称“西阁坡”，周边有4米之高的石头墙护阁。阁楼用大条青石筑基，砖、木、土结构，有木质圆明柱两根，青灰筒瓦硬山式复顶，正脊卧龙，斜脊跑兽，气势恢宏。泥塑神像面朝东，与太上老君相对。木质窗格，两面开门，西望清凉山。

## 魁星阁

魁星阁位于赵村铺村东最高处，南北侧为土地，东西侧为田间土道，南侧建有石台阶15阶，可上阁内，通高8.20米，宽5.00米，建筑面积30平方米。始建年代不详，阁上有泥塑魁星行军，“天

↓ 魁星阁

↑ 魁星阁——航拍

开琼楼紫气生，地极魁星点状元”。村民多爱读书，为求取功名，求得神佑，故修建魁星阁。

## 古戏楼

古戏楼位于赵村铺村五龙桥南边，坐南朝北，台口对着龙王庙。始建年代不详。清康熙三十九年（1700）倾覆，嘉庆十三年（1808）重修。根据资料记载，古戏楼是砖、石、瓦、木结构，东侧有石台阶8阶，东西有进戏台通道，南北7米，东西9米，通高8米，进深6米。古戏楼雕梁画栋，壁画栩栩如生，十分精美。戏楼不唱戏时可以封闭，作为学生的课堂，唱戏时打开。古戏楼年久失修，1966年修万亩渠时，因万亩渠跑水，古戏楼被毁。现存古戏楼再修石碑一通，2013年修建，立于古戏楼遗址。

赵村铺村的节日活动和生活礼俗都与民间信仰密切相关，处处彰显民间信仰文化的烙印。在赵村铺村，随意走入哪一家，无论从房屋布局，还是男女老少的言谈举止，都能看到这种文化的印记。随着社会的发展，人们交流往来，本地风俗信仰也融入了外来风尚，形成古今并行、与时俱进的新局面。

↓ 正月十九过会骑驴表演

# 第三章
# 风俗大观

↓正月十九过会秧歌表演

# 鲜活的生活习俗

婚丧嫁娶、添丁进口在农村俗称“过大事”，是人生大事，因此要遵循“一家有喜百家乐，一家有难百家帮”的古老传统。届时，全村男女老少都来帮忙，还要随上一份带着浓浓情谊的厚礼。

## 婚嫁习俗

赵村铺村婚嫁习俗同不少地区一样，经媒人说合，男女双方互换庚帖信物，男方下聘礼定婚期，然后才能举行婚礼。婚礼礼俗很烦琐，做下来近百道程序。现今虽简化，但为了增加喜庆气氛，有的习俗保留下来。旧时，村民婚嫁须履行六种礼节，六礼完备，方为完善。一为纳彩（送礼求婚），二为问名（询问女方姓名及生辰八字），三为纳吉（批八字合婚），四为纳征（送聘礼订婚），五为请期（俗称递期，议定婚期），六为迎亲（迎娶新娘）。有钱人家讲究，图排场，大都按此程序完成儿女婚姻大事，穷苦百姓则因陋就简，尽自家所能，操办儿女终身大事。男婚女嫁一般都被族人视为大事，尤其是当新郎，被称作“小登科”。“久旱逢甘霖，他乡遇故知，洞房花烛夜，金榜题名时”，这是人生最得意的“四大喜事”。随着时代发展，婚俗逐步被简化为议婚、订婚、递期、迎娶四个步骤。旧时男女成婚都是“父母之命，媒妁之言”，否则便被视为不孝，有悖纲常。更有甚者，如两家比较要好，不等孩子出生，就指腹为婚，定为“娃娃亲”。“童养媳”指由婆家养育女婴，待幼女长到成年时完婚。然而儿女长大后，由于性格不合婚姻不幸的屡见不鲜。

也有两家儿子都娶不上媳妇的，两家的大人便把女儿互换成亲，叫“换亲”。男方到女方家落户结婚的为“倒插门”。过去的通婚圈不大，后来随着信息化时代的到来，通婚圈逐渐扩大，近者百里，远至全国各地。为早逝的少男少女结亲称“死骨头亲”，为“阴亲”。如今，这些带有旧社会色彩的婚俗早已被抛弃。过去还有正月不提亲和男女穿“重孝”三个月不能提亲、娶亲的说法。提亲一般讲究“门当户对”，两家地位要相称，资财要相当。另外男女之间属相要合，十二生肖相合的有：子（鼠）合丑（牛）、寅（虎）合亥（猪）、卯（兔）合戌（狗）、辰（龙）合酉（鸡）、巳（蛇）合申（猴）、午（马）合未（羊），不合的有“白马怕青牛”“羊鼠一日休”“金鸡

↓ 赵村铺村民结婚证

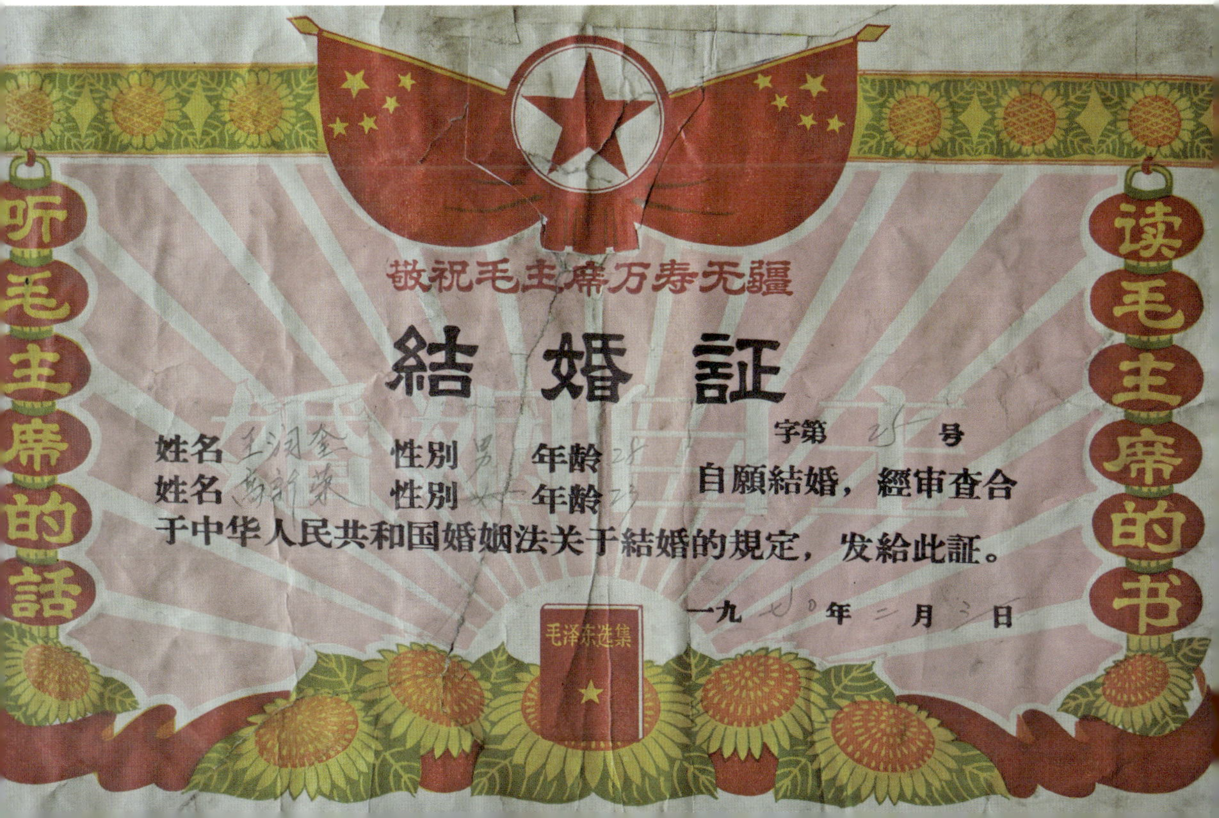

怕玉犬”“龙兔泪交流”“蛇虎如刀错”“猪猴不到头”等。有婚配意向的男女经过一段时间接触，相互进行了解，并经过议婚，双方及家庭均无异议后，方可成婚。双方家长指定一个吉日，举行仪式，即订婚。旧时，在订婚仪式上男女双方要交换庚帖，一般没有女方先出帖的，要让男方主动。庚帖又称“四柱帖”，即将婚者姓名、生辰、三代宗亲及籍贯四项内容一一写明，男帖写“乾造于某年某月某日生”，女帖写“坤造于某年某月某日生”，且用干支纪年方法书写，并非现在的公元纪年法。写“乾”与“坤”，盖取乾为天，坤为地之意。换帖时男方附聘礼（多为首饰、服饰、财帛之类的物品），女方也有薄物回赠。改革开放以前，彩礼只要几百元，最多要个三大件，即自行车、缝纫机、手表，俗有“听听、看看、蹬蹬、转转”的说法。那时候人们对房子多少间，衣服多少件，都无所谓，屋内摆设也不太讲究，有桌子、立柜、坐柜就可以。20世纪80年代后，生活条件改变，日子富裕了，彩礼也就随着涨了，男方还要提供三金，即金戒指、金项链、金手镯；六大件，即彩色电视机、电冰箱、洗衣机、院子、楼房、汽车。有的还要房产证。屋里的摆设更讲究，沙发、立柜、空调，一样都不能少，有的条件达不到，婚事就“吹灯”。一般由男方家近族长辈前往女方家商订婚事，女方家置办酒席招待，席上将婚期、彩礼、递期所用的馍馍数量、新婚物品及家具的置备情况等一一说妥，订婚仪式便告完毕。递期时男方的伯伯、叔叔、舅舅、姑父，用簸箩装上每个一斤重的大白馍馍，一般家庭要准备200个左右，再放两小把大葱、粉条和一块红布，带上彩礼，叫上媒人，中午前到女方家，商议迎娶之日诸多事项。到女方家后，媒人要和女方家交代带来的200个大白馍馍，叫“递期馍馍”，还要拿出一个馍馍，剩下199个，这叫“九九亲”，彩礼也要少拿一元。女方要从200个大白馍馍中回敬男方8~12个，有“压双不压单”的说法。双方协商完毕，女方家要准备酒席盛情款待，一桌有40个菜，媒人要坐上座（中间），女方家的伯伯、叔叔、舅舅、姑父陪伴男方长辈，双方推杯换盏，开怀畅饮。午宴结束，男方要给女方家“席钱”800~2000元，同时要将双方议定事项一一落实，准备迎娶新媳妇到家。女方则派近亲四人、远亲两人向亲戚、朋友分送馍馍，并通知婚礼时间、地点，同时在亲眷和朋友中物色容貌端庄、举止大方、能说会道、知书达礼、生肖相合的“送女客”。另外还要找一个五六岁的小男孩做“压轿孩”，另找四名“中见”的男子为送客。还要准备彩色结婚艺术照，最大的照片长1米，最小的长0.3米，具体分为洞房之中墙上悬挂的、桌子上摆的、相册里放的。洞房不仅要粉刷墙壁、用瓷砖贴地，还要准备坐柜、炕箱、门桌、上下柜箱、土炕、简易床、凳子、椅子、坐镜等。随着时代的发展变化，组合家具成套买，液晶电视墙上挂，暖气空调样样全。

**请总管** 迎接新媳妇过门的仪式，村人称为“娶媳妇”或“过事儿”。婚礼当天的主要负责人称“婚事总管”。过事儿前几天要将总管请到事主家来，备上酒席，邀请男方同族长辈（俗称“当家子”的主要人物）共同商议安排过事儿这一天的具体事项。迎娶时的吹鼓手、旗罗执事和记账先生、厨师、大小厨房人员等一切杂役，统称为“撺掇的”。

**过事儿** 过事儿前两天，总管走马上任，开始指挥大家“忙伙”，安排生火起灶、租赁器具、支棚搭布、买办烟酒零食、制作食品。炸面筋、炸丸子、炖鸡、煮鱼、煮肉等，都是婚礼上不可或缺的菜。到处张灯结彩，事主家一片繁忙景象。过事儿头天晚上，准备三桌酒菜，招待吹鼓手、总管及主要负责人。傍晚，吹鼓手开始吹奏、放音响，吹鼓手如果住宿，要安排到洞房之中，有“图吉利”之说。男方派人到女方家送一份请帖，内容为“某某亲翁阁下，定于某月某日某时前去贵府举行令郎与爱女婚礼盛典，眷姻弟某某顿首”等字样。女方家比起男方家则显冷落，虽然“男大当婚，女大当嫁”，女儿出阁是一件大事，可是做父母的总有一种说不出的失落感。家里同族的婶子、大娘提前两天请出阁的闺女吃饭，称“离娘面”，要好的邻居朋友也要请女儿吃饭，父母则须提前准备好嫁妆。过去主要陪送衣柜、炕箱、衣服，现在陪送冰箱、

↓ 当代婚礼庆典保留了不少传统元素

彩电、摩托、电脑、存折等，女方主要亲友也须提前准备好“赏送”（衣料或钱），娘家人还要准备大馍馍，称“娘家馍馍”，每个重六两，准备“装食箩”。“食箩”是三至四层的木箱，为梯形状，上小下大。用二人抬，名曰“抬食箩”。

娶亲（娶媳妇）　娶媳妇前，负责人将参加娶新媳妇的人员集中到一起，排好队。最前面为放炮的，接着是打灯笼的、筛锣的、吹鼓手、转伞的、打旗的，随后是军鼓队、拉花队、腰鼓队等，依次排开，最后是新郎官与娶女客、陪客。三声炮响后，鸣锣开道，乐队齐奏，迎亲队伍浩浩荡荡出村后，向女方家进发，出发前要给迎亲队伍“点灯花”。迎亲队伍走后，婶子大娘把新婚洞房整理一

↓ 新郎掀盖头

遍，然后把门锁住，等新媳妇回来再开。因为男子娶亲俗有“小登科”之说，故所经之地，沿途放炮，示意车马行人要让路而行。旧时娶媳妇坐轿骑马，新郎官骑马、穿长袍、戴礼帽，新媳妇穿蟒袍、戴翠冠，坐八抬大轿。到女方家后，女方家大门紧闭不开门，目的是要红包，闹一段时间后才开门，主事人员和送客接应，新郎由娶女客、陪客相伴，每进一道门由陪客赞礼，新郎行礼，送客拜答，送女客接应娶女客到女儿闺房内。如果二人属相不合，新郎官进门后，不要见新娘，自己返回家里。女方家门口放一小桌子和小凳子，桌上放一瓶白酒和四个菜、一盒烟，这是为吹鼓手准备的，迎亲执事人员在门外等候。旧时女家为新郎“披红挂绿”，并在新郎帽边插“金花”，现改为佩戴红花。男方还要顺手拿上女家一两件东西，称“偷富贵”，过后由女方用钱“赎回”以逗乐。诸事完毕，鸣炮奏乐走出女方家。因旧时有“新娘沾地恐践踏神祇”的说法，送客须将头盖红布的新娘抱入已点过“灯花”的轿内（车内），新娘要携带大小干粮，压轿孩儿随新娘上轿（车）。旧时新郎上马，前由牵马人将马头驳回，称“驳马认亲”。迎亲队伍按照来时顺序依次排好，用红毡象征性地挡住一些不吉利的东西才能通过。另外迎亲队伍因遵循“不走回头路”之说，来回尽量不走同一条路，中途花轿若要落地，须用红毡铺地。回到本村村口时，迎亲队伍排好队，新郎新娘及伴郎伴娘下车，迎亲队伍中的礼炮手开始放炮，各种乐器同时奏响，彩旗迎风飘扬，整个队伍用较慢的速度在大街上行进，称“压街”。迎亲队伍来到家门口，新人进门时，门中置一“鞍桥”，上放几块年糕，有人将门口两边放置的两束“干草”（谷秸）点燃，新人跨过时有人往他们头上撒五谷、喷彩花，意在压乌鸡、黄羊、青牛“三煞”，消灾驱邪，人们边撒边唱“新媳妇下轿，一斗高粱一斗米”等吉祥语，取意是新人进门来，日子红红火火，岁岁平安，步步登高。主家在天地爷神龛前设“花堂”，即用黄纸将神龛贴住，上贴大红喜字，下面放一桌子，桌子上放一斗，内盛五谷、铜镜、天秤，斗前放置“枣山、香炉”，枣山由十几个蒸熟的面食枣圈黏结而成。新婚夫妇在花堂前行礼，旁有长者司仪念道“一拜天地、二拜高堂、夫妻对拜，送入洞房”，称“拜天地”。新娘入洞房后，有人用线为其绞脸上的汗毛，称“开脸”。新娘枕内和被子内装有小棒槌、核桃、花生、红枣等物，意在祝福新人早生贵子。新媳妇入洞房后，主家开始摆宴席，叫“下马宴席”。

小送饭　本村媳妇如有新娘同乡，婚礼当天要准备四碗小饺子送到事主家。往往在半路上饺子会被村民“抢吃”，称“沾喜气”。娘家要回敬同乡五个馍馍，称“回礼”。

招待（坐席）　坐席风俗，一般是街亲、男方亲戚、朋友同事道喜，娘家席。20世纪80年代前，招待席一桌六寸盘八个菜，菜的质量不高，现在一般每桌八寸盘十个菜，一瓶酒，实惠质量高，硬菜有鸡鸭鱼肉、丸子排骨等，饮料喝个够。朋友同事道喜的有十二个菜，白酒档次比街亲高一点，还有花生、糖、瓜子、香烟。娘家席同道喜的菜式一样，但要上大馍馍，称“食箩馍馍”。亲家席有四十多盘菜，烟酒是一百多元的。过去大锅饭吃面条，现在变为大锅菜，大锅菜有面筋、粉条、豆腐、白菜、菠菜、猪肉等，味美菜香。主食有馒头或油果，也有大米、年糕。坐席一般十人一席，为大圆桌，以前八人一席，为长方形高桌。

**上礼**　20世纪80年代前，街亲上礼要给2角，朋友给5角，亲戚给1~3元。后来发展到，街亲要给1~30元不等，朋友要给5~100元，最多500~1000元，亲戚给30~1000元。男方家亲戚还要拿篮子（油果或馍馍）二十个，道喜的要买挂镜或七尺布帐子。男方亲戚要带篮子（馍馍或油果），女方亲戚拿布料（赏送）。

**"摘食箩"**　娘家人开席前先"摘食箩"。在院中天地爷神龛前放上桌子、铺上红纸，搁上簸箩，由男方族家的婶子、大娘主持，由新娘之母将自家准备的"赏送"一一念清，称"摘食箩"。女方的近亲还要送30个半斤左右的馍馍，称"送饭馍馍"。念唱完毕，娘家把陪送的物品，念给大家听，以前没有什么可陪送的，现在有：现金存折银行卡，摩托电车加汽车，洗衣机空调电冰箱，

↓ 迎亲乐队

电脑手机电视机，高档沙发组合柜。事主家还要拿托盘端上一壶酒，与亲家象征性地对饮，词曰：“亲家母满满盅，馒头有数客有数，摘完食箩算一段，下边咱放压柜钱。”起初的压柜钱不多，后来芝麻开花节节高。这时有人开始给父母、叔婶、伯娘的脸上抹黑，有的还互相乱抹（主要是嫂子与小姑、小叔之间互耍），引得众人哄堂大笑，为大喜之日更添一喜。“摘食箩”结束后，娘家人开始坐席。开席前娘家主事人端托盘，上放酒壶、盅、烟、钱，到大厨房、小厨房敬酒，称“谢厨子”。然后开席，过去娘家人的席上，多把“送饭馍馍”加热后上席吃了，称“尝口头儿”。现在一般直接每人发一个带走，称“袖馍馍”，娘家人坐完席后，男方家要用车把娘家人送回去。

↓ 迎亲“压街”

**亲家席**　娘家人坐席的同时“亲家席”也要开席，吹鼓手要吹欢快的乐曲，祝贺盛宴开席，也代表着新郎新娘的新婚仪式即将圆满结束。旧时亲家席一般有男女双方的叔叔、伯伯、媒人、总管另加记账先生六七个人，多也不过十个人。现在则不太讲究，光女方家的长辈及亲戚就有十来个人，所以亲家席只好两三张桌子拼在一起，一桌能有二十多人。亲家席后，男方家要用车把客人送回去。

**搪掇席**　除了安排“搪掇的”入席，事主家的人还要给“搪掇的”上菜上酒，上烟、瓜子、糖、花生，新郎新娘给大家倒满酒，表示敬意，事主家也要和大家见个面，共同喝一个，并说“大家辛苦了，谢谢”。搪掇席散了，这一天的仪式才算结束。

**回面**　婚后第二天新媳妇把头盘成“纂子”，称“媳妇头”，然后拜神主、拜公婆、拜族中长辈，称“磕头”。受拜者皆有赏钱，称“磕头钱”。近支亲戚多在头一天把磕头钱留给婆婆。也有在过事儿当天下午进行磕头仪式的。磕头时多有当家的姑嫂为逗乐，在新人下跪处放擀面杖、酒瓶，前面放一脸盆，磕头时听见响声才罢休。新人磕头时，分别按长辈的称呼叫人，受拜者要答应，掏磕头钱。结束后新郎新娘和接者一同回女方家中，称“回面”。新郎到女方家后，女方设宴款待，新郎到新娘家后不开口，要“开口钱”。吃饭时一般都吃饺子，好事的大兄嫂、小姨子们在饺子里放辣椒等物，戏耍新女婿。第三天男方家派人拿上馍馍，到女方家把新娘新郎接回，新娘在婆家住到第六天，娘家派人接回，俗称“回三住六”。一个月后，新娘到婆家居住，称“过月”，至此婚事才圆满完成。

## 丧葬习俗

赵村铺村丧葬习俗同不少地区一样，人死后，要排三、五、七、九日停尸，找乡亲们帮忙，俗称“找搶掇人”，给亲朋好友报丧，举行葬礼，烧七七纸（过七个七）等。丧葬中葬礼最烦琐，比如孝子孝女为死者净面、整理遗容、穿寿衣、戴寿帽、着寿鞋袜、塞口含、盖脸纸、塞干草、以麻绳缠足、袖筒内装纸灰等。另外还有大门扇贴白对联、吊门头白纸、烧断衣钱和还魂钱、烧纸马、送盘缠、吊丧、撒引路钱、入殓、撒垫背钱、出殡、路祭、埋葬、驱鬼、赴三、做新坟等。各个礼俗做下来近百道程序，现今虽简化，但有的习俗仍然保存下来，比如“撒白灰”，即出殡时，灵车经过的街巷，乡亲们在自家门前撒一条白灰线，意在怕鬼魂跑到自家。

**装裹** 死者病危，家人就应准备装裹衣服，因为快要咽气时，身体还不发僵，好穿衣服。死者临危时儿孙守在身边，这样死者才能安详，在外地工作的要抓紧回来，亲戚也要尽快赶来。快断气时，家属将准备好的纸箔点着，即烧“断气钱”。死者穿的衣服分为三层、五层、七层，里穿单衣，中穿棉衣，外穿外罩。旧时男的外罩长袍马褂，现在演变成棉大衣或风衣，旧时戴瓜壳帽，现在戴布帽或尼龙帽；女的穿花衣服、蟒袍，头戴凤冠。亡者所穿衣服不能带皮毛，民间有种说法：亡者穿皮毛皮衣物，来世要转为禽兽。脚穿的鞋上绘有“莲花和祥云”图案，取“脚蹬莲花，身驾祥云，早升天界”之意，嘴上用线拴一枚银钱，为口含（民间认为死者不含口含来世会变成哑巴），最后还要用酒精洗脸。死者装裹好后，在上房设尸房，男左女右，在正房的一侧一前一后放两条长凳，再放一块门板，门板上放一与门板长短宽窄相符的芦席，再铺一床褥子，用细麻绳绊双脚，称“绊脚索”。然后将死者尸体仰卧放到门板上，头朝外脚朝里，头下放枕头，枕头内装红土或锯末，枕头两头有绣花图案。用纸板或布做的白公鸡，放到死者腋下，鸡头朝门外，收殓时鸡头改为朝里。门板下放一把谷草，点一盏小油灯，称“万年灯”，点着后至收殓不灭灯，入葬后再点着。现在多用水晶棺装尸停灵，在孝房门口吊一块白布，遮住半个门。

**烧断衣钱** 安排好死者停灵后，由家族主事者，手提一盏灯，带领孝子孝女，一路哭泣着，男人弯着腰，女人相互挽着站立行走，到村中狮子街五道庙烧断衣钱，即将纸马压在五道庙前，意为亡者已来地府报到了，烧完纸后原路哭着返回。一般何时停好灵，何时去烧断衣钱。

**请总管议丧事** 总管一般是1~2人，主要负责把丧事办得妥妥当当。丧事涉及的流程繁多，要处理好并不容易。主要包括派帮工、打墓、请吹奏队、请厨子、拉白、租锅碗桌凳、请人主、请阴阳、割棺材、议出殡日期、出殡日子的招待、新坟的选址等事项。

**请人主报丧** 男子去世要请其姥娘家人来当人主，女子去世请其娘家人来当人主。孝女孝媳各自哭号回娘家婆家报丧，派人到人主家请人主，到亲戚亲友家报丧，本地称为“撒孝”。禀明去世和出丧日期，人主来后，有的要挑毛病，如棺材好不好、寿衣好不好等。孝子孝女要跪人主，人主对孝子孝女进行数落，列举孝子孝女对逝者的种种不好，表示自己与死者关系亲密，孝子孝女不能辩解。一般晚饭由总管组织安排。现在生活水平提高，思想观念也发生了较大的变化，一般不会再当众数落人，但事主家仍要好好招待人主。晚饭后人主随孝子孝女一同烧还魂钱。阴阳先生来后，首先要做的事就是在大门口悬挂门头纸，用大白纸剪成“图腾”样，绑在一根木棍上，悬挂大门口一侧，男左女右。还要按逝者岁数剪纸图腾，一岁一串，随后张贴白对联。

放灵桌 在上房停尸的方向，摆放一桌子为灵桌，上摆逝者遗像，各种供品，如馒头、饼干、鬼食饼和打狗弹子（用豆面搓成圆球和小饼上火烧焦，将高粱秆劈成细篦，穿上圆球小饼，插入碗内盛装的小米干饭中）。打狗弹子的数量为当年月数（平年12个，闰年13个），死者进入阴间时路上遇到狗咬时用于打狗。鬼食饼12个放一小罐，每顿饭由孝子孝女添一点饭，到出丧那天添满，带到墓中放在棺上，供亡魂食用。还要摆放香炉、蜡烛、烟酒，孝女要摆放用白面蒸的猪羊供品。亲戚、朋友、人主来吊唁，在灵前烧纸祭拜，由一长辈在灵桌前主持接待回拜。阴阳先生还制作“引魂幡”，贴对联，剪买路钱，糊孝棍，做灵桌桌裙，搭灵棚，这些丧葬用品全部用大白纸制作。

送盘缠 逝者去世的第一天或第二天，好事的长辈妇女就组织妇女们到各户收纸钱、箔纸，聚在一起将箔纸捏成元宝状，然后大家到逝者灵前祭拜，一边烧纸，一边口中念念有词，希望逝者放心地去，不要挂念，在阴间过得更好。

拉白（披麻戴孝） 逝者子孙要穿孝，孝服都用白布做成，孝的规格要严格按亲疏辈分来定，所以要由懂行的人负责拉白。孝分为三件孝、两件孝。孝子孝女为三件孝，即白裤、白鞋、白孝帽。侄女、外甥女为两件孝，即白鞋、白孝帽。戴孝帽也有讲究，父母一人亡者，孝帽上缝一个麻绳疙瘩，单绳挽结；父母双亡者，孝帽上缝三个麻绳疙瘩，双绳挽结。人主亲友孝帽为0.5米，蒙头布为

1.7米，亲生儿女腰上要系物，男的系两条五尺长的粗麻绳，前后结成绳环，女的用细麻绳，且麻绳不用拧在一起。白鞋也有讲究，用白布做鞋面，男逝者孝子孝女右鞋面后跟留口，女逝者孝子孝女左脚鞋面后跟要留口，切记不能缝严。现在都不用此方法，到商店里买白鞋穿上即可。

吊丧　远近亲戚朋友、乡里乡邻得知丧事后，都要到丧主家来吊祭，亲戚要带供品、纸张、花圈，快要到逝者家时，就号啕大哭，直到走进孝房。朋友们带着供品、花圈、挽幛（2米黑色布）前来吊祭。吊祭的人来得多，证明逝者生前人缘好、交友多。亲戚要在灵前跪拜，磕三个头；朋友们则在灵前站立，三鞠躬，双手叩拜即可。灵前接待者要拱手回拜。

守灵　停灵期间尸房每晚不能断人守灵，孝子孝女、孙子、侄儿、外甥等人轮流守灵。除了要防止猫狗入内，还要防鼠和蚊虫咬，夏天要预防尸体腐烂，要用簸箕扇尸体或用风扇吹，20世纪80年代后用水晶棺停尸了，孝房从停尸到出丧房门不关。停灵一般为三天，也有停五六天的，因此有“长三日，短三日”之说。到了出丧前一天，吹鼓手下午到逝者家吹奏哀乐，晚上随逝者家孝子孝女、人主等人披麻戴孝吹吹打打，或带上小音箱放上哀乐，到五道庙去烧还魂钱。高龄逝者为喜丧，要放其生前喜爱的戏剧。帮工的留四人去打墓，剩余的有砌锅灶、搭棚的，割棺材的，帮厨子备菜的，看炉火的，担水、劈柴的，好一派繁忙景象。人们进进出出，购置花炮、拉灵车，每个人都各司其职。

送马　出殡前一天晚上，半夜12点后，女婿和孝子负责送马。马是用黍枝扎的笤帚疙瘩，五色纸即绿、黄、粉、蓝、藕五色彩纸，或用棉花做成“白马”。送马人来回不能说话，到五道庙前烧纸、焚香，孝子叮嘱逝者骑好马，捉好缰，朝着阳关大道往前走。点燃马后，送马人便可返回，回家的路上不能回头。

**待客** 这是丧俗最重要的一天，招待亲朋好友、街坊四邻，帮工的有五六十人，甚至百余人。古时帮工多为近支族人，现在不太讲究，朋友、街坊四邻都可参加，这一天男帮工每人发一盒香烟，女帮工每人发一包糖、瓜子、花生。帮工的任务包括打墓、送饭、帮灶、端盘、看客、洗盘碗、担水、劈柴，上午11点前帮工的要吃“时食饭”。招待客人、街亲从上午11点开始，至下午3点结束，丧席少则三十席，多则百余席。

**谢人主** 招待到最后，总管领孝子到人主席上给人主家人跪拜，人主家人若没什么话说，孝子便跪拜后回孝房，人主家人如果有话要说，孝子就跪着不起，一直到人主家人数落完。

**收殓** 出丧前将逝者移入棺材叫收殓，也叫入殓。一般在客人坐完席后进行，时间大约是下午3点，首先阴阳先生将大门外门头纸、对联与院中的挂吊，撕掉装入筐内，还有打狗弹子、鬼食饼、万年灯、灵桌上摆放的大寿桃等。入殓前先放三声炮。男帮工每人用一条白布掩住耳朵，抬棺到孝房时，小头在内，大头放在门槛上，棺内铺一层干草（谷草）。孝子孝女要在干草上撒垫背钱，旧时为铜钱，现在多为1分、2分的硬币。将尸体移入棺中，尸体周围用干草塞紧，阴阳先生将灵前纸烧了，纸灰包好放入逝者袖筒内。尸体入殓前不许说话，一切完毕，请人主再看看逝者，如果没有什么事了，就开始盖棺。盖棺时孝子孝女再给逝者整理遗容，盖上蒙单，抬棺盖，进行盖棺，这时用大铁钉钉棺盖时，孝子孝女大声喊叫，“爹（娘），躲钉”。钉盖完毕，孝子扛引魂幡，手拿孝棍，在棺材前跪拜。起灵出殡，正式开始。由一位长者在出丧前先行，提上一筐白纸，拿上“买道钱”一边走，一边撒在地上，为逝者开路。

**出丧（出殡）** 总管安排出丧一切事项后，阴阳先生一声高喊：“起灵啦！”随即鞭炮齐鸣，锣鼓喧天，孝子孝女放声大哭出院门，在灵车前祭拜，如有开追悼会的，可在此时举行。古时人工抬棺，工具有5米长的长凳子和4根抬杆，抬杆要用粗绳绑在棺上。现在都用三轮车或拖拉机，更为方便。出丧队伍顺序，一般是长子打幡，次子、三子打花圈，按辈分大小往后排，孝子队伍在灵车前，孝女队伍在灵车后，最前边是礼炮手，后面依次是灵桌、吹鼓手、孝子队伍，所有人一律佝偻着哭泣行走，女婿们在孝子前行走，遗像由孙子辈双手捧着。

**路祭** 一般为三祭，第一祭在大门外，第二祭在村中心，第三祭在村外空旷处。三祭结束，孝子孝女都要到墓地去。

**下葬** 墓地要挖一个深2米的坑，再向内挖一个比棺材略长的棺室。棺材抬到墓地后，开始下葬，下葬时不许提人姓名，大头先下，小头后下，进入墓室后，调好位置，把万年灯点燃，遗饭罐放棺旁。如果是合葬要盖团圆被，棺木安排好后，开始封堵墓口，用石块、灰渣坯等均可。堵好后，开始填土封墓，阴阳先生手拿引魂幡绕墓坑一圈，口中念道：手拿引魂幡，来到墓门前，孝子来填土，富贵万万年。孝子孝女先填土，一般先填三锹土，之后帮工开始填土，将墓填成前小后大的三角形坟堆，填土时只许填土不许拍打，在新堆起的坟堆小头（脚下）放一大块石块为祭台石，将引魂幡插到坟堆上，放炮，同时孝子孝女烧纸，跪拜磕头，下葬结束。

下葬后，事主家备酒席招待忙了一天的帮工，称为“回灵席”。出殡当天逝者家门口放清水一盆，切菜刀一把，梳子一把，两位妇女还要给回来的人点灯花，一一洗手，女子梳一梳头，避灾驱邪，方可进门。“回灵席”同样是10个菜，还有烟、酒、糖、花生、瓜子，由孝子及亲属为帮工端饭菜，并敬大家一杯酒，表示谢意。

驱鬼　孝房的一切垃圾要全部进行清理，首先要拆灵棚，抬门板（水晶棺）。死者的贴身衣物、被褥由一个没儿没女的人来清理，俗称“扫丧”，清理出的物品在房外集中焚烧，一般给扫丧的10~30元钱，用过的笤帚由扫丧的带走。阴阳先生还要用黄薄纸写驱鬼符，贴到事主家门口及附近邻居家门口，以防鬼魂作怪。

复三　安葬后第三天，本族亲戚、人主带祭祀纸、篮子（油果、烧饼）到丧主家复三，丧主家设宴招待，中午由人主、孝子上坟烧纸，下午由闺女、媳妇、侄女、外甥女等上坟烧纸，如果家里有什么家务事，也可以在这一天解决。从2010年开始，复三日期也改为出丧第二天。

谢孝　复三后，第二天孝子要带馒头到人主家，见人主就要跪，名为“谢孝”。

烧七七纸（祭七）　自逝者亡故之日算起，每隔七天为“一七”，孝子孝女要上坟烧一次纸，直至七七十四九天，谓之“尽七”。如果死者的某一个“七”与农历的七、十七、二十七日重合，即为“犯七”，传说死者进入阴间后，犯几七就要到第几位阎君处报到受审，其中五阎君最为严厉，刑罚极重，如果犯七，子女们就在这一天将做好的纸伞、纸旗、米粥带上，从家开始，一直插旗到坟上。

沿路要将伞旗插在米粥上，为逝者提供藏身之处，鬼卒就不敢到旗伞下搜拿亡魂，毒虫也只顾争食旗伞下的米粒，不去噬咬亡魂，拖延到第二天，亡魂就可以免受拷打与噬咬之苦。七七四十九天要烧“七七纸”。烧到“五七纸”时要进行“洗白”。

**做新坟** 逝者去世到次年清明节如超过一百天要做“新坟”，如不满一百天则要到下一年做“新坟”。做新坟的日期是清明节前两天，人主、至亲、孝子孝女都要带祭品、纸钱到坟上烧纸，这一天逝者家主要设宴款待，旧时亲戚来时要带20个馒头或油条、烧饼，逝者家还得回礼10个，现在大家都省事，也不要回礼，直接拿上10个油条或烧饼就可以了。

↑ 灵桌前祭品

## 生育习俗

婴儿出生后，先到娘家报喜。生男孩者，称“大喜”；生女孩者，称“小喜”。在坐月子的屋门上系红布条，一表示添丁进口，二表示这是“月房”，男人禁止入内。生育十日，娘家人通知近亲到女儿婆家看女儿，要带一些挂面、鸡蛋前去探视，事主家以好食款待。生育十五日（半月）要“做半月”，娘家人通知近亲带上面、米、挂面、鸡蛋到女儿婆家探望，事主家摆宴席热情款待。生育二十日，近亲还得再探视一次，一个月期满，择三、六、九日要“做满月”，这是新生儿最隆重的庆祝习俗，届时亲朋好友带上挂面、油果、布匹等前来祝贺，贺礼者要“随份子”，娘家人要带小米、白面、馍馍、小衣服、小褥子等前来祝贺，事主家大摆筵席招待。产妇一般一个月不出门，不做家务事，门窗不开，俗称“坐月子”。

### 拜干亲习俗

拜干亲习俗，为的是结成互相帮衬的关系。赵村铺村地处山区与丘陵交界处，山路崎岖，为了更好地生存，自古就有拜干亲之俗。有的家庭缺男孩，一旦生了男孩，就在做满月时抱上孩子，或用红布包一个枕头找一户男孩多的家长，磕个头，就算认干爹，也叫认“老伯”。“老伯”须给孩子取个名，或送个礼物。以后逢年过节，干儿须为干爹拜年。干儿结婚之日，干爹要送钱奉礼庆贺，且在所有亲戚的礼额中，干爹的份额是最高的。一旦干爹去世，做干儿子的所敬的礼，份额也是最高的，俗称“干子和亲子一样的”。

### 上供

也称十月供，赵村铺村有着上供的习俗，目的是祈求人们在生活、上学、工作、婚姻等方面平平安安、顺顺利利。每年的阴历十月上平安供，上供的用品有黄表纸、五色纸、香、箔、小馒头、薄饼等。把上供的用品备齐后，十月三、六、九吉日来上供。

### 行酒划拳

过去在赵村铺村有行酒划拳习俗。人们在喝酒时，多以猜拳为令，输拳者要喝酒。猜拳行令，既烘托酒场的热闹气氛，又能延长喝酒的时间，不致猛喝烂醉，可谓一举两得。

**花拳** 猜拳的两人，各用手势比喻一种事物，按既定习惯定输赢，攥拳为锤子，伸手为包袱，伸食指、中指为剪子。锤子胜剪子，剪子胜包袱，包袱胜锤子。

**敲筷子拳** 猜拳的两人各执一根筷子，举筷互相敲击，口中同时各喊一种动物或工具名称，如棍子、老虎、鸡、虫，规定棍子胜老虎、老虎胜鸡、鸡胜虫、虫胜棍子。

**戴帽拳** 一般在喊数字之前先说与猜拳无关的半句话，后半句话为数字，如加“慢不收”，喊时为“慢不收的哥俩好，慢不收的全来到，慢不收的五魁首”等。

**顺口溜拳** 一般在喊数字之前先带几句顺口溜或流行歌词，之后再由最后一句代表一个数字。如“高高山上一头牛，两个犄角一个头，四个蹄子分八瓣，尾巴长在屁股后”“高高山上一通碑，一通碑是透龙碑，雷对滚，滚对雷，弟俩喝酒谁雷对”“一只蛤蟆四条腿，两个眼睛一张嘴，扑通一声跳下去，四喜四喜你喝水”“一个老汉七十七，再过四年八十一，手提拐杖口吹笛，巧梅桃园轮到你”。行酒划拳的习俗，现今很少了。

# 多彩的节日民俗

## 元宵节

正月十五吃元宵，古称元宵节。这天街道悬挂彩带，户户门前挂灯笼，大门口上插柏枝，还要在街口搭牌楼。古时东街搭“日”牌楼，西街搭“月”牌楼，南街搭“凤”牌楼，写上灯谜、谚语，晚上点燃蜡烛，满街灯火辉煌，甚是好看。但赵村铺村历来有“不过十五过十六”的习惯。以前，家家户户大门口上插柏树枝，清晨早起挑水，担红土，称作“填喜号”，预示来年吉祥如意。这一天不许往外借东西，取“只进不出”之意。清晨起来放鞭炮，早中晚给诸神上香、叩拜。这天早饭是饺子，中午是大锅菜、馒头、大米饭，晚上是炒菜、馒头、小米饭。

## 太平杆火

明万历四十三年（1615），香头高廷聚到别村学会了制作太平杆火的技术。过会时制作成杆火点燃，受到父老乡亲的称赞，从此太平杆火艺术一直在赵村铺村流传发展。赵村铺村的太平杆火艺术造型美观，形式多样，而且特别有讲究，有日月火、锅子火、旋转花、炮打灯、走马兔子围城灯等50多种反映山区生活的杆火。这些杆火用一根长10米的木杆外加高粱秆用铁丝绑扎而成，形状呈塔形，分二十四阶梯，代表二十四节，闰年多一阶梯。杆火中装有特制的日月火图形，日月火由百余朵彩色纸做的纸花，再插上百面小

↑ 过会当天火场中央要摆放供桌并立起三杆火

三角形彩旗制作而成，在杆火中段两边各有一个大红绣球，杆火外形美观，惹人注目。杆火上插满各种各样的花炮。到了燃放那天，要举行隆重的迎杆仪式。“太平杆火”每年数目不等，多则6杆，少则2杆，全立于火场北侧，各文艺队演出结束后，杆火才能燃放。燃放时有专人指挥，以锅子火为主的大量地面火点燃后，用设计好的走马兔子围城灯引燃杆火，杆火被点燃后有序燃放，从下往上一层层的烟火燃放甚是好看，到了中间的日月火时，下层火熄灭后呈现日月的图形，人们看后惊叹不已。日月火即将熄灭时，杆火上层被

↓ 赵村铺村民抬着太平杆火向火场行进

引燃，顿时火树银花、电闪雷鸣，五彩斑斓的太平杆火辉映整个夜空，让人们目不暇接，流连忘返。

### 传统节日正月十九“过会”

正月十九“过会”是赵村铺村过春节最热闹、最有意义的一天，代表着这一年春节的高潮和结束。俗有“耍正月，闹二月，三月四月泼赶庙”之说，在赵村铺村，从正月十五开始，各村的戏剧、武术、曲艺、拉花、骑驴等表演队，相互串村进行演出，俗称“过会”，这是“耍正月”的开始，一直到正月二十结束。为了这一天，筹备工作从上一年腊月就开始了。首先要选出“会头”“香头” 和其他工作人员。根据赵村铺村龙王庙碑记，明万历年间就

↓ 正月十九过会隆重的迎杆仪式

↑ 传统节日正月十九过会春字旗

有了“会头”“香头”的记载。“会头”负责组织排练节目，到各村去走会（演出），“香头”负责收火钱、购烟火、绑杆和火场一切事务性工作。以前，这项工作是在村子的中心大槐树下、狮子街石狮子前，正月初十的晚上进行。选“会头”“香头”是有条件的，要选德高望重、有组织能力的人来担任，筹委会一般由3~5人组成。选出的筹委会上任后，开会商议本次节日的具体方案和分工明细。主要工作包括收捐款、购烟火、绑杆火、扎纸花、搭舞台、排练节目等，这些人全部是义务劳动，不要报酬，每个人要无怨无悔工作二十余天。收捐款（火钱）是首

↓ 热闹的过会现场

要的工作，为了购烟火，“香头”要到各家各户去收钱，没有钱的给粮食也可以。各家各户都积极配合，捐的多少不限，出于自愿，有的给十元，有的捐一杆火的钱，大约五百元。根据形势的发展，捐款也在逐年递增，收款的多少，直接决定购买烟火的数量。以前，烟火多由自己制作，品种单一，有“炮打灯”“二踢脚”“眼明”“锅子火”“围城灯”等。现在品种繁多，五颜六色，花样有“瀑布”“转灯”“闪光雷”“龙腾虎啸”“百鸟争艳”等。正月十五那天，大街小巷悬挂灯笼，灯笼有方的，有圆的，有纸糊的，有用红布做的，灯笼上写上灯谜、谚语，晚上点燃蜡烛，街上灯火通明，甚是壮观。正月十四彩街（过会前的彩排），为的是展示一年中所学的剧目让观众观看评议，这天也是正月十九过会的序曲，下午凡是参加表演的，包括文会、武会、骑驴、拉花、秧歌、旱船、卖菜等演出队，要提前化好妆，穿上演出服，参加武术会的还要拿上

↑ 正月十九过会迎杆武术表演

↑ 正月十九过会迎杆晋剧

↑ 正月十九过会迎杆舞龙

刀枪剑戟。彩街从村子的一方开始。各会队伍由负责人拿一队旗，走在队伍的前头，敲锣打鼓地沿着过会行走的路线行进。队伍边走边演，每到一个演出点，就要停下来进行演出。全村共有三个演出点，三个点演完后，各会要到“火场”（火场是正月十九立杆、烧香、叩拜祈福、燃放烟花的场地）集中。文艺演出队列队面北站立在“大天底下”，武术队所有队员将兵器放在“大天底下”，用黄纸燎一下，拜一下兵器，然后在“火场”进行跑阵表演，跑完阵后，焚烧香箔，跪拜天地，求神灵护佑过会期间一帆风顺，平平安安，彩街仪式到此结束，象征着“耍正月”正式拉开帷幕。绑杆火（太平杆火）是节日的一项重要工作，绑杆的材料准备好后，正月十七开始绑杆。制杆用的材料主要有：一根高8米的圆木，高粱

↓ 正月十九热闹的街巷

杆若干根，细铁丝。太平杆火的绑法是有讲究的，一般平年二十四节，闰年多一节。这一天主要是把杆火的骨架二十四节绑好，为插烟火打好基础，杆火下宽上窄，呈梯形状。正月十八那天，在绑好的骨架上插上各种各样的烟火，用火药线捻连接在一起，再插上彩色纸做的大红花、小三角旗，杆的中间两边各挂一个粉色大绣球，这样一杆烟火就绑好了。每年绑杆的数量也不一样，如果有的家户要许愿，还要再多绑杆火，一般年份为三杆火，最多的一年绑过六杆火，除了一杆火是大家的，其余都是家户许愿的，有许孩子考学的，有许当官的，有许病好的。在绑杆火的同时，扎纸花、糊小旗、购烟火等工作也同时进行。

正月十九，早上六点大喇叭里开始播放欢快的乐曲，已经披

↓ 精彩的拉花表演引得行人驻足

正月十九过会骑驴表演

过会手工纸鹤

正月十九过会旱船

过会军鼓队

浩浩荡荡的舞龙队

自发参与扭秧歌的人们

上节日盛装的小山村，显得格外喜庆，人们沉浸在节日的气氛之中。村庄的大街小巷被打扫得干干净净。在高高的牌楼上，古色古香的楼阁上，大红灯笼高高挂，五颜六色的彩旗迎风飘扬。这天人们早早起床，第一件事就是给祖宗神位上香、跪拜，然后将祖宗神位上的纸马供品收起来拿到院内焚烧，还要放几个煮好的饺子，送祖宗去看会，然后再送诸神去看会，即将家中神位上的供品、五色纸马拿到道路口焚烧，口中念念有词，表达对诸神的尊敬。

在村子的道路入口处，设有报到处，管报到的人员早已经到位，等待外村过会人员来报到。为什么这么早呢？因为在以前，各村的文艺演出队一天里要到五六个村过会，每个村有十五六个文艺演出队，各文艺演出队要按顺序进行演出。演员常常到深夜才能回家，有的演员回家后不卸妆，因为第二天早晨六七点又要到另一个村演出。过会演出是非常辛苦的，常常人们还没有起床，过会的已经来到村里了，因此民间俗有“端尿盆会” 之说。在过会期间，各村文艺演出队要早早到另一个村子去报到排队拿号，争取一个好的出场顺序，演员们也都盼着早早演出完回家休息，为第二天到其他村演出留出充足的准备时间。

这一天，人们早早吃过饺子后，穿上节日的盛装走出家门，向迎杆的出发点涌去。此时出发点已是人山人海，人们都想图个吉利，只怕今天捞不着“差事”。参加迎杆的仪仗队、锣鼓队，穿着各式各样表演服装的文艺表演队，还有许多工作人员，早已准备就绪，等待出发。由会头宣布“赵村铺村正月十九迎杆仪式现在正式开始”，三声炮响后，各种乐器齐奏，此时整个小山村锣鼓喧天，迎杆仪式的序幕正式拉开。迎杆队伍按顺序排列，会旗在前，鸣锣开道，吹奏队走在前列，各村的文艺表演队紧跟其后，再后是供桌（供品一般是面食寿桃、石榴）。每一杆火由本村十几个年轻人肩抬手举，跟在迎杆队伍的后边，红白武会社火压后阵，社火队员在迎杆队伍的两边，来回奔跑，行进护卫。整个队伍声势浩大，浩浩荡荡，绵延足有2000米。迎杆队伍要通过赵村铺村主要街道，表演者们在行进中载歌载舞，之后还要进行文艺巡回演出。最后到达火场，举行盛大的立杆仪式。各迎杆队伍到火场后，一字列队排开站立，面朝北方，鸣炮奏乐，载歌载舞，彩旗飘飘，文会、武会绕杆来回转几圈，叫“缠杆”，整个火场此时热闹非凡，供品、烟火被摆在火场的中央，这时人们把所有的杆火向南立起。

↑ 正月十九过会火场——航拍

↑ 正月十九过会火场

立起杆后，整个迎杆仪式到此结束。家家户户到火场，在杆火前“大天底下”捐香火钱，焚烧香箔，跪拜天神祈福许愿。各村过会按报到迟早的顺序开始演出，直到演完最后一个节目。演出结束后，在火场举行盛大的烟火燃放活动。

## 龙抬头

农历二月初二正处在惊蛰前后，万物开始复苏，二月惊雷，五谷青苗满地生。古人认为电闪雷鸣是龙所致，响雷谓“龙抬头”，这天如果下雨，意为春耕开始，即“雨至年来”。正月里留下来的供品这天吃，名为“啃龙头”。这一天人们争着去理发，俗称“二月二，剃龙头”。传说正月里剃头会妨舅，因此，正月里人们一般不理发。

## 清明节

清明节是赵村铺村民上坟扫墓的传统时节。清明前一天，是上坟烧纸祭祖日，出嫁闺女回娘家随家人准备祭品，给已故父母和老祖坟烧纸祭奠，坟上要挂白纸条，意在后继有人。如有为逝者立石碑者，要在清明节前将墓碑立起。

↓ 清明上坟

## 腊八节

腊月初八是佛祖释伽牟尼得道之日，为了纪念佛祖，佛门弟子就在这天熬大量的腊八粥施舍给人们，以此来显示佛祖对黎民的恩德。据说吃了腊八粥能长寿，百姓效仿，俗有“腊八日不吃粥，孩子老婆死一堆”的说法，于是民间就有了吃腊八粥的习俗。人们多用谷米或黏米掺上山药、红枣、眉豆、花生、北瓜、豇豆、绿豆八种材料，所以称“腊八粥”。人们还在这一天用醋腌制大蒜，称“腊八蒜”。在腊月初七这一天，将大蒜剥皮，备好，根据需要腌制的数量多少，准备好腌“腊八蒜”的瓶子或罐子，在腊月初八的早晨将剥好的大蒜装入瓶子，倒上醋，盖好盖即可，待到过年时蒜变绿即可食用。腊八蒜是过年饭菜中的一种美味可口的小菜。

## 扫房习俗

赵村铺村一进腊月，人们就开始筹备过春节了，首先要进行扫房（大扫除）。过年家里必须要干干净净的，腊月二十三前（避腊月十九羊公日）家家户户择日，把家中所有东西搬出清理，然后要打扫屋里的一切角落，里里外外要打扫得干干净净，玻璃要擦得明亮。被褥、床单、窗帘也要进行拆洗晾晒。房间的其他东西搬出来清理干净后再搬回屋内，摆放整齐。如果屋里的墙面发黑，还要用石灰石或涂料粉刷墙壁。扫房不仅是为了除旧布新，还寄托着人们送走灾祸、迎祥纳福的美好愿望。

↑ 土地爷神位

↑ 家堂爷神位

↑ 祖宗神位

# 民间信仰礼俗

## 供神位

赵村铺村在春节期间，要供奉“家宅诸神（爷）”：天地爷、土地爷、家堂爷、灶王爷、财神爷、门神爷、马王爷等，还要供奉三代宗亲祖宗神位。人们供奉诸神位置都有讲究。门神爷位在大门左右的门扇正面中上部，土地爷位供在大门内影壁下方正中，土地爷位对联：“土中生白玉，地内出黄金。”天地爷位供在正房门口左外侧墙壁中间，天地爷位对联：“天高悬日月，地厚五谷丰。”家堂爷、财神爷位供在正房北墙内正中，灶王爷位供在厨房，马王爷的位置在牲口圈里。祖宗神位在正房屋内一侧门后，还要写上“供奉三代祖宗之位”。贴一副对联：“清晨一炷香，早晚三叩首。”一般用蓝纸写对联，摆上蒸熟的面食猪、羊各一个，水果、酒、烟、饼干等供品，插香的器具是用一碗蒸熟的豇豆，插上三双筷子。腊月二十八、二十九日，在供奉诸神的位置上摆上诸神牌位，或者摆上诸神的泥塑和陶瓷神像，压上黄表纸、供品、香皿。大年初一早晨开始点蜡烛、烧香、叩拜，早中晚三次。在每天的早饭饺子上桌后，端上一碗饺子到祖宗位，供奉祖宗，然后到院子里供奉天地，祈求全家平平安安。燃放鞭炮、烧香的时间为正月初一至初五，再从十六至十九早晨，十七不点蜡烛，称“黑十七”，十九日早晨烧完香后，要送祖宗爷和众神去看会。新的一年钟声响起，辞旧迎新的爆竹声响彻夜空，人们纷纷走出家门，争相到各个祠堂、古楼阁烧头香，祈求来年万事如意，风调雨顺，财源滚滚，心想事成。

### 狮子日

赵村铺村丁字街上的石狮子用来镇村辟邪，因此丁字街也叫狮子街。一大一小两个石狮子位置十分显眼，向东距长福阁54米，向南距保泰阁114米，向西距文昌阁54米。每年正月初十称“狮子日”，这一天，人们在石狮子前摆放香炉和供品，磕头烧香。晚上烤“十字火”，即家家户户把家里的破旧衣、鞋等不用的废旧物品，收集到一起，拿到大街上进行焚烧，边点边说“火旺，火旺，家里兴旺”“烤烤腿间，不生疙瘩”等顺口溜，祈求来年全家平安，无灾无病。

### 拜老君

老君又称太上老君，即老子，历史上确有其人，春秋时期著名思想家、哲学家，道教创始人。早在民国时期，高学春等人合伙投资，开挖小煤窑，按股分利，赵村铺村西留有多处煤矸石堆，俗有“七十二个顶戴、七十二口窑”之说，村民多在井下挖煤。中华人民共和国成立后，村民多在井陉煤矿工作，常下井挖煤，家人担忧，故时常祭拜老君，期盼消灾免祸，平安顺利。因此，村民年年都要给老君唱戏。

### 老母节

老母是佛、道两教崇拜的偶像，是人们心中至圣至尊的神。赵村铺村供奉元生老母、瑶池老母、女娲老母、昆仑玉母、泰山圣母、观音老母、元始老母、盘古老母、梨花圣母，谁先谁后，已

↓ 老君庙

说不清，但她们都是救苦救难的神仙，给她们烧香，就能保佑平安。每年农历二月十九，赵村铺村民都会带着香、箔、黄表纸、供品前往庙宇、古楼阁敬香许愿。

↑ 保泰阁的泥塑观音众神像

## 白观音节

农历二月二十五是白观音的“净水节”，白观音为南海观音，是佛教女性的化身，她大慈大悲，救苦救难。这天她把金瓶的净水用杨柳枝洒向人间，水落之处善恶有报。她为没有儿女的人送去子女，故也叫“送子娘娘”。人们为了使自己的孩子长大

↓ 白观音神位

成人，从小用一种锁的方式，把孩子锁在庙内，每年二月二十五舍米粥一担，叫“舍饭”。孩子满12岁，由家人带到保泰阁上（供有观音像），随众人摆供焚香、跪拜，用柳条抽孩子背三下，让其回家，谓之“开锁”。

### 龙王庙求雨

赵村铺村地处干旱地带，靠天吃饭。凡天旱无雨时，就要设坛祭拜，祈求龙王爷降雨救民，这种活动，人们称为求雨。这一活动从古流传至今，赵村铺村里龙王庙挂有一口大钟，生铁铸造，高1.5米，两人合围成圈，求雨时敲钟。人们对这件事十分慎重，有

↓ 村北新貌

专人负责，组织人员分做各项准备工作，在龙王庙内设坛求雨，设坛完毕，举行祈告仪式，有一人在龙王前宣读“祈文”，其主要内容是龙王开恩，降雨救民，言辞恳切，其余人员均跪于庙前祈祷。求雨期间，凡参加这项活动的人头上都得戴一个柳条圈，各家各户水缸贴上黄纸牌位。如果三天之内没有求下雨来，就把龙王爷搬到殿外，在太阳下“晒龙王”，让龙王感受一下民间疾苦。如果在求雨期间下了雨，就要给龙王爷唱戏三天，以表谢意。有一年，人们求雨求不到，便到别村偷“龙王爷”，不想偷错了，偷了个“五道爷”回来。

　　赵村铺村是一个文化底蕴深厚，有着千年历史的文化村落；赵村铺村是一个秀山绿野孕育出的神奇古村落；赵村铺村是一个到处体现着文化传承的传统村落。晋剧、拉花、武术、舞蹈、秧歌等传统技艺的弘扬使赵村铺村形成了古今并行、与时俱进、不断革新的优良文化氛围。

↓ 赵村铺村民自发组织的拉花表演

# 第四章
# 文化荟萃

# 晋剧

晋剧，俗称山西梆子，发源于山西省中部地区。井陉晋剧于2011年6月被列入第三批国家级非物质文化遗产名录。晋剧约在晚清传入赵村铺村，有一百多年的历史，赵村铺村晋剧团正式成立于民国二十二年（1933）。

↑ 赵村铺村晋剧团合影

↑ 晋剧道具与剧本

“楼以戏各志乐也，硕乐不在一时，而在百世。前车创而造之，后人重而修之。斯前后济美，神人胥悦，而乐为及枪无穷焉。吾乡西鄙龙王庙前，旧有戏楼一所，为一方风光之钟。”这是清康熙三十九年（1700）古戏楼重修碑记上的一段碑文，说明人们那时就与戏曲结缘。晋剧有四大特征。一是伴奏阵容大，分文武场。晋剧音乐文场有呼胡（大弦）、二股弦、小三弦、四股弦。武场有鼓子、手板、大堂鼓、小战鼓、马锣、铙钹、小锣、铰子、唢呐、笛子、梆子、沟娃子、碰盅等。二是“角色脸谱化，剧目故事情节化”。三是大戏台，台面有前后台，前台为表演场地，后台为演员化妆、扮装、候场区，两厢为文武场伴奏区域。四是有“唱、念、做、打”表演程式。“唱”有板有眼；“念”抑扬顿挫；“做”动作有韵律；“打”个性化。“唱、念、做、打”是戏剧的血肉，“锣鼓经”是戏剧的骨骼。锣鼓既可形成磅礴气势，又能烘托表演气氛，这种烘托是非常细致的。戏曲剧目又分为文戏和武戏，表演的剧目要表现“忠孝伦理，节义操守，善恶报应”等主题，故事情节要具有戏剧性。晋剧戏中的角色又分为生、旦、净、丑。生角又分为须生、小生、武生、老生；旦角又分为正旦（青衣）、小旦、刀马旦、彩旦、老旦、花旦；净角为花脸；丑角分为武丑、文丑。晋剧唱腔板式分为平板、夹板、二性、流水、介板、倒板、滚白七种，每种板路又有许多变化，如流水板，又分大流水、小流水、紧流水、慢流水、二流水等。腔儿有三花腔、五花腔、倒板

↑ 赵村铺大队业余文艺宣传队合影留念（1976）

↑ 晋剧《清风亭》剧照

↑ 晋剧《芦花》剧照

腔、四不像、苦相思和使用呼吸气的方法从喉咙里发出的“二音子”或鸣腔等，这些腔常被纳入板路中使用，除二音子外，一般都是真嗓，易于吐字清楚，行腔圆润。传统的晋剧表演中，酸楚的板式腔体韵味，男女演员婉转悠扬的做派，激昂奔放的道白唱腔，起伏跌宕的表演程式对比，表现了北方剧种的阳刚和铿锵。俗话说“山西梆子不离口”，人人会唱几句，家家都有演员。剧团现存剧本、乐器、脸谱多张，戏剧文物三十多件。

↓ 正月十九过会迎杆晋剧

↑ 晋剧《洪湖赤卫队》剧照

20世纪五六十年代，赵村铺晋剧团排古装戏：《赵氏孤儿》《九件衣》《天波楼》《辕门斩子》《蝴蝶杯》《秦香莲》《牧羊圈》《斩黄袍》《武家坡》《翠红下书》等传统剧目；现代戏：《擦亮眼睛》《送肥记》《李双双》。20世纪七八十年代，赵村铺晋剧团增加了灯光、布景、麦克风、扩大器，年年参加井陉县春节汇演和调演。2005年，赵村铺晋剧团又开始排练古装戏。当时，服装、道具、灯光音响，一无所有。大家齐心协力，自力更生，克服重重困难，筹备资金，购服装，制道具，增添舞台设施，编剧本，排练戏。经过几年的努力，赵村铺晋剧团排练了《赵氏孤儿》《清风亭》《芦花》《春江月》《三关点帅》，常到外村演出。晋剧《三关点帅》《芦花》《苏三起解》，现代戏《洪湖赤卫队》，在井陉县第十六、第十七、第十八届民俗文化艺术节上获奖。2016年12月28日，《清风亭》剧目在“美丽井陉中国梦，姹紫嫣红满园春”井陉县第十七届晋剧戏剧节上获优胜奖。演出期间多次掌声雷动，演员的精彩演唱一次次被观众席传来的掌声打断。《清风亭》不仅受到观众的喜爱，也得到了领导和专业人士的高度评价。半个多世纪来赵村铺晋剧团除了参加本村的正月、二月十五、金秋文艺晚会演出外，还参加井陉县民俗文化节、井陉县晋剧戏剧节、井陉县文化馆调演、井陉县消夏晚会，演出遍及井陉的村庄和厂矿八十多个单位。

# 拉花

拉花属北方秧歌，形成和流传于河北省石家庄市井陉县。井陉拉花被列入首批国家级非物质文化遗产名录，是民间舞蹈代表。它源于宋元，盛行于明清，最初为民间节日庙会庆典拜神时的街头广场花会，经过一代又一代艺人的传承发展，如今享誉全国，名扬海外。“山西梆子不离口，井陉拉花遍地扭”，在井陉民间艺术的百花园中，拉花是开得最旺盛的一朵，赵村铺村拉花是井陉拉花三大流派之一。2011年赵村铺村被井陉县政府定为“八大拉花培训基地”之一。长期以来，拉花以它那深沉朴实的风韵，刚健苍凉的艺术特色，富有表现力的舞姿和独特的韵味，深受广大群众的喜爱。赵村铺村的拉花，多是六个角色为一队，化妆成三对男女进行表演，取“六合同春”之意。属于井陉东南正流派。男角第一人扮老翁，左手擎伞，右手执扇；女角第一人扮为彩婆，身背包袱，二人相对表演，顾盼生姿。男角第二人扮成青年男子，双手握竹板（名太平板）；女角第二人扮成青年女子，左手执彩棍，右手执手绢，

↓ 2013 年中国滦河演出合影

即“霸王鞭”与“太平板”组成一对。第三组扮成少男少女，皆左肩扛花瓶，右手执花绸折扇，女角左手小指上加挂一块红绢，称为挑瓶。三对也有老中青三代之意。2010年，赵村铺拉花艺术团成立，有演员12人，他们自购服装，自制道具，自请教师来教拉花艺术。在全体成员的共同努力下，赵村铺拉花艺术团的演出水平日益提高，得到了业界的肯定和赞许。2012年7月15日，在赵村铺五龙桥公园举行了井陉县农村文艺辅导基地暨赵村铺拉花培训基地成立仪式。

拉花艺术团深受观众喜爱，多次参加县拉花艺术大赛，多次获奖。2010年7月1日，拉花艺术团演员一行12人参加了井陉县消夏晚会开幕式演出。2011年正月十六，拉花艺术团演员一行12人参加了井陉县第十六届民间艺术节拉花大赛，获三等奖。2011年10月11日，拉花队一行26人，参加第二届中国井陉拉花艺术节大赛，获二等奖；2012年，拉花队一行18人在河北宾馆为全国公务员局考核工作联系点理论研讨会参会人员演出，得到参会人员的好评；2013年，拉花艺术团演员一行26人参加第三届中国井陉拉花艺术节暨拉花大赛，获金奖。2013年10月26日，拉花艺术团演员一行20人参加了第三届中国滦河文化艺术节暨首届北方旅游文化精品博览会演出，获金奖。此次演出受到中国民协副主席、著名评书表演艺术家刘兰芳的亲切接见，她对演员的演出赞不绝口：“你们的演出非常成功，分不出专业与业余，好好好。”一连几个好博得大家阵阵掌声。演出结束后刘兰芳主席上台与演员合影留念。2017年，拉花艺术团演员一行18人参加了井陉县第二十二届民间艺术节拉花大赛，获优胜奖。

1951 年挑花篮

武术队合影

“晋剧”剧画

拉花演出

2014 年正月十九拉花演出

## 武术

赵村铺村居古道要塞，古时候经常有过路艺人借宿、讨饭，给村民说书，表演杂耍和散打。这就为赵村铺村的民间文化艺术奠定了良好的基础。清代，村民重文习武，文武兼备，缺一不可，高氏谱书记载，清代村民为了习武开辟了演出场，建立了骑射专用的上、下跑马道，在村东南有上马道和下马道，习武用的打铁刀（约80公斤重）、弓箭、石锁兼备，十八般兵器一应俱全。村里出了六位武生，多名武童。清末民初，正式建立武术队。赵村铺村武术队主要为过会、祭祀服务，表演形式是围成场子伴以鼓乐，在庙会等重要活动上进行表演。20世纪60年代赵村铺村武术发展进入兴盛期，习武的青年较多，且都乐于吃苦，每日勤学苦练，村里还聘请

↓ 2014 年正月十九赵村铺村武术队表演

了外地武师来村教授武艺。赵村铺村武术与矿区东王舍武术同出一脉，两村经常交流和切磋，因此发展较快。1964~1965年，又邀请著名的洛阳武术队、西元村武术队来赵村铺村表演，向对方拜师学艺、切磋武术，武术发展达到顶峰，外出演出深受观众好评。武术套路有长短拳、大小洪拳，后又发展出太极拳、黑虎拳、徒手对打。器械对打有二节棍对枪、虎头钩对枪、小刀破枪、白手夺大刀、白手夺单刀、双刀进枪、枪对枪、棍对枪等。武术队还从外地购买大黄牛，自制牛皮大鼓，自己打磨刀枪。改革开放后，赵村铺村武术发展又达到高潮，青年人纷纷参加武术队，习武人员三十多名，每年参加过会演出、县春节汇演，多次获表演优秀奖。进入21世纪以来，武术队继续开展活动，一批小青年加入武术队，每年为正月十九过会演出。由于许多套路失传，加之现代经济文化多元化发展，现在习武艺人很少。

↑ 2014 年正月十九赵村铺村武术队表演

↑ 多人对打

↑ 棍对枪对打

# 民间文艺

## 舞蹈

20世纪六七十年代，群众性演出的剧目有《北京的金山上》《远飞的大雁》《北京有个金太阳》等。每个生产队自发成立一支舞蹈队，自编自演，自做服装道具。2000年，群众自发组织舞蹈队，自编自演，舞蹈队演员有12人，排练了《走进新时代》。2000年8月，舞蹈队参加了赵村铺村首届消夏晚会，获得了不俗的反响。2001年，舞蹈队参加了井陉县首批文化示范村文艺展演，排练的舞蹈《扭秧歌》在石家庄市第二届农民文化节大赛上获二

↓ 赵村铺村舞蹈队

等奖。2010年，开始排练广场舞，广大妇女参加了广场舞蹈的排练，既锻炼了身体，又活跃了文化生活。

### 秧歌

秧歌为戏剧中的一种剧种，源于农民插秧或田间劳作时所哼唱的小调秧歌曲，并在民间歌舞的基础上配戏曲板眼发展而成，艺术风格同花鼓戏、花灯戏、采茶戏类似。秧歌于清代传入赵村铺，其音调宛转缠绵，很合百姓口味。剧目有《劈灵棺》《老少换妻》《田二红开店》等，演员要穿上专门服装，画彩脸，乐器有锣、鼓、板等。秧歌队有演职人员二十余人，逢农闲排练、演出，现存部分乐器。

### 骑驴

↑ 骑驴表演

骑驴是赵村铺村古老的民间文艺种类。骑驴会最早在民国初组成。骑驴又称姥娘送闺女，主要道具为一头假驴，骑驴的是男扮俏装的大闺女，牵驴的是丑扮憨傻的弟弟，驴后紧跟的是姥娘，为丑婆打扮，多在耳上挂红辣椒，腋下夹一破包袱，而后便是姥爷，身穿长袍，头戴礼帽，眼挂墨镜，一手提鸟笼，一手提文明棍，四人组成一队，队外有一个和尚装束的男子（或二流子），共五人登台。以顺口溜的形式，见景生情，现编现演，无格无规，风趣可笑。演出有锣、鼓、镲等乐器伴奏。剧目主要有《党的政策》《计划生育》《好人好事》《反贪》《劝酒歌》《道德孝顺》《尊老爱幼》《新变化》等。骑驴每年在过会时演出，深受观众喜爱。

### 霸王鞭

清末民初，赵村铺组建霸王鞭会，主要进行过会演出。演员24人，每12人为一队，画彩脸，服装统一。彩鞭为一根长80～90厘米的竹竿，两头穿眼拴铜钱若干个，彩条若干，并有小鼓一面，小叉、中叉、锣各一面，演员沿街边走边跳，动作分跳、打、磕、碰。围场演出两队可摆不同阵式穿行，有走八字等不同的变化。随着时代发展，后有女演员加入，服装色彩鲜艳，男演员身穿蓝色服装，头扎黄色头巾，腰系黄带；女演员穿粉色上衣、绿色彩裤，头扎花朵，腰系围巾，舞姿更加优美。演出阵容壮观，形式多变。现在传承这一节目的主要是小学生。

### 表演唱

表演唱的演员一般2~12人，有锣鼓乐器伴奏或用音乐伴奏带，有道具和服装；表演形式多种多样，有说，有唱，有形体表演，生动活泼，主题鲜明，内容丰富。

### 扭胡萝卜

儿童演员共7人，道具有尿壶、胡萝卜、锣鼓。演员以丑角扮相，穿着表演服装，化上妆，一人手拿道具胡萝卜，其他人拿尿壶，一边走，一边扭，在锣鼓伴奏下，踩着锣鼓点扭来扭去，逗得观众哈哈大笑。

### 公秃子母秃子

这是由两位老人组成的演出，幽默风趣，以家庭生活矛盾为主题内容，自编自演，不化妆，道具是一条彩色的绸子带，缠在演员腰中，互相拉着舞动，用山西梆子的乐器锣、鼓、钗伴奏，演员随着乐器的伴奏，随意扭来扭去，惹人发笑。现已失传。

### 挑花篮

挑花篮演员6人，全部是儿童。演员穿统一服装，戴头巾，挑一对花篮，乐器伴奏有胡琴、横笛，在乐器的伴奏下，以一边走、一边唱、一边扭的形式来表演。

### 小品

赵村铺村小品幽默风趣，是人们喜闻乐见的。2003年“非典”期间赵村铺村自编自演，排练了小品《卖菜》，这是赵村铺村演出的第一个小品，演员有5人。赵村铺村改编的小品《路遇》《姑嫂拌嘴》《老公的秘密》《野菜饼子面片汤》《情意》《扔木碗》《二十年后》《别拿公公不当爹》《生男生女都一样》《傻女相亲》等剧目深受群众的喜爱，在省、市、县比赛中多次获奖。

中国民间文化遗产抢救工程
THE PROJECT TO CHINESE FOLK CULTURAL HERITAGES

在历史的长河中，赵村铺村很多趣闻轶事经过人们的加工，形成了具有一定文学色彩的口头文学。人们在实践中不自觉地创作了大量的优秀文学作品，其中包括民间故事、童谣、谚语等。很多民间故事流传甚广，内容曲折生动，富有哲理，具有一定的时代特征。有些故事看似荒唐，读起来却别有滋味。

↓ 赵村铺村魁星阁东田间小路

# 第五章
# 趣闻轶事

# 民间故事

## 胡老得

赵村铺村有胡姓一家，传说清朝光绪年间，胡家出过一名响马叫胡老得，此人武艺高强，却深藏不露，为人低调。当时，有一伙避难的外来响马躲在村东苍山牛王脑、猫头寨占山为王，经常到山下村庄抢劫，村民惹不起，只有遭灾受罪。胡老得知晓情况后，决心为民除害，并物色了一名扔石头百发百中的放羊人。二人商定，半夜出发，直奔猫头寨。进寨后，胡老得让放羊人将屋内油灯一石击灭，自己手持单刀直奔屋内，系好绊人绳，躲在旁边。油灯突灭，恶人大惊，急向外蹿，出一个倒一个，十几个恶人全被胡老得放倒。恶人已除，村民大喜，胡老得声名远扬，但也因此得罪了不少人。

胡老得家有骡马车，经常赴山西做买卖。一年冬天，有三个自称是商人的要求胡老得护送他们回山西五台，胡老得观三人面相，已知来者不善，出发前胡老得胸前绑护心铁板一块，脖后置铜瓦。半路上，一人悄悄地将缰绳砍断，大叫“马夫系缰绳”，胡老得弯腰结绳，此人用刀猛砍胡老得的脖子，胡老得假装不知。一连三次，三人手段使尽，胡老得这才说：“你们存心找茬，就明着来。暗地伤人，算什么好汉。”三人无话可说，只有认输。到达五台，三人好话说尽才留住胡老得，好酒好饭招待，并精心打制了一副好辔头，赠予胡老得说：“今后只要您到山西，保您平安无事。”又说：“三年后再见。”胡老得离开山西，回到家乡，后因年老体力下降，悄悄地离开家乡，隐居起来。三年后，果有三人找来，村民告知，胡老得年老不知死活，此事就算了吧。

### 两个五道爷

赵村铺村地势较高，地下水源奇缺，村民吃水很困难，因此村里旱井较多，雨季蓄水，全年饮用。遇到旱年缺水，村民只得到几里外的天护、赵村店担水。每逢旱年，龙王庙祭祀求雨是件大事。为了求雨，组织者派人到南寨村偷龙王爷，由于天黑，错把五道爷盗回。这时天快亮了，鸡就要叫了，送回去已不可能，只好放在村狮子街五道庙，这样，赵村铺村五道庙就有了两个五道爷。五道庙在20世纪70年代被毁，但每逢有人去世，村民仍然有在五道庙遗址压纸马报到，烧“断衣钱”和“还魂钱”的风俗。

### 王更喜艺惊观众

民国时期，赵村铺村晋剧团在当地很有名，大花脸王更喜在《麒麟山》剧中扮奸臣刘红举，高端芝扮马三保二子马巨龙，二人演技高超，常在一起。有一年正月，二人结伴到山西平定看庙会，恰遇某村正搭台唱戏，二人边看边说，意思是说戏演得不好，此话恰被班主听见，叫二人到后台交谈。晚上演出《麒麟山》，二人粉墨登场。王更喜扮奸臣刘红举，高端芝扮马

↑ 晋剧《麒麟山》剧照

↑ 民国年间戏剧道具

巨龙。只见刘红举目瞪大眼，面露凶相，将牛耳短刀猛砍在马巨龙脸上，顿时鲜血直流，惨不忍睹，观众吓得目瞪口呆，随后掌声四起，齐声叫好。此一招是二人的拿手戏，演出后受到班主称赞，班主还热情款待了二人。

### 第一位武生

高德胜，自小聪明好学，且好舞棒弄刀，家里看他是一块练武的好材料，就给他请了武教师。高德胜文采很好，只是习武多于学文，于是家里给他置备了习武的装备，石顶、石锁、刀枪剑戟、弓箭、马匹，一应俱全。高德胜冬练三九，夏练三伏，练就了一身好功夫。他吃得很多，一顿能吃十二个馍馍，三大碗肉菜。据说他可以端起一个盛满土的大瓮在场里转圈，可以把一百二十斤重的头号大铁刀在身体上左右舞动，非常轻松自如。他专在晚上练射香头，百发百中，且在兵法战略方面很有造诣，经十年勤学苦练，于清朝嘉庆三年（1798）考中武生。

### 王纶服输下关东

王纶和王绪是王家十一世叔伯兄弟，两人从小一起玩一起读书，关系很好。王家有私塾，两人一起学习，王纶聪明但不用功，王绪能吃苦，学习认真、虚心。乾隆年间王绪中举人，王纶很不服气，说："中举人不算什么，有能耐你中进士，我就给你当马骑。"王绪不语，只当说笑话。时隔几年，王绪京城殿试，钦赐岁进士，消息传回家，王纶说："不可能，不可能。"不久王绪回乡，王纶大惊，心想丢不起人，连夜携妻带子去了关东，从此迁居关东棉花地。因此东北有王家一支后裔。直奉大战时，关外王家后代有人当兵，随奉军进关，路过赵村铺村，见王氏家祠先祖和他们关外家祖一样，意识到回到故土了，遂烧香磕头拜祖。

## 说谎大王

一天下着雨，说谎大王急急忙忙往家跑。路过一家人门口时，有几个年轻人正在玩扑克，这几个年轻人一看是说谎大王，就把说谎大王拦住，说什么也不让他走，让他必须说个谎才行。"别拦着我，我一点儿空都没有，我赶着回家拉小车，到刚才路过的地方，有一辆车拉着焦炭散了一路，我正赶着去拾呢。"说着挣脱几个年轻人的手，便急急忙忙向家的方向跑去，这几个年轻人异口同声地说："咱们别玩扑克了，赶紧拿上箩筐、担子先去拾，不等说谎大王，等他到了咱们都拾完了。"说完几个年轻人拿上东西冒着雨向说谎大王说的掉焦炭的地方跑去，跑了很长一段路也没有见着散落的焦炭，又跑了一段路，还是没有。这时，他们才恍然大悟："啊，我们上当啦！"真不愧是说谎大王！再看这几个年轻人，已成了落汤鸡。

## 找帮手

过去，有的家庭地比较多，到农忙季节人手不够，要到外边找打短工的。一天，一个小伙到一个村庄找活干，巧遇一位正要找短工的地主。地主上前问这个小伙：“你是找活干的？”小伙答道：“是。”又问小伙：“你的农活怎么样？”小伙答道：“杈把扫帚不用提，犁耧锄耙走头里。”地主一听心里比较满意，就说：“小伙子跟我走吧，帮我干活，顺便把工钱谈谈。”此时正是收割小麦的季节，麦场正在打麦，小伙子只会跟在驴后边吆喝牲口，别的什么也不会干，地主便问他：“你怎么什么也不会干呢？”小伙子说：“当时说的就是杈把扫帚不用提啊。”地主没有办法，转眼到了秋收季节，小伙子只在牲口旁边牵牲口。地主又气又急，便问：“你怎么只会牵牲口？”小伙子说：“当时说好的就是这个时候犁耧锄耙走头里，不对吗？”地主傻了眼。

### 猫狗结仇

从前有一家大财主，家有钱财万贯，良田无数，附近的人称之为百万富翁。大财主喂养猫狗各一只，猫狗和睦相处，大家快乐地生活在一起。一天，大财主家藏的一颗夜明珠被人偷走，地主非常气愤，把猫狗叫在一起，大发脾气：“我养了你们这两个畜牲，吃喝无忧，今天夜明珠不见了，你俩赶紧去给我找回来，如果找不回来，看我怎么收拾你们。”猫狗听后便开始给地主寻夜明珠，找遍村里各个角落，没有踪影。猫狗商量，咱们找不着，回家交不了差，这可怎么办呢。狗说：“猫老弟，要不咱们到河那边找找吧。”猫说：“好。”于是猫狗走到河边，狗背着猫过了河，猫狗找啊，找啊，天色已晚。猫狗忽见一户人家有亮光闪烁，猫站在狗背上，用前爪捣破窗户纸一看，果然是地主家的那颗夜明珠。猫从窗户慢慢地走到夜明珠旁，把夜明珠抱了出来，猫和狗一起高高兴兴地回到河边。狗说：“猫老弟，你用嘴叼上夜明珠，千万不要掉在水里，我还把你背上过河。”就这样，猫狗又过了河。刚到河岸边，猫便急匆匆地从狗背上跳上了岸，头也不回，一直往家跑，把夜明珠交给地主。地主非常高兴，夸奖猫说：“还是我们的猫有用。”这时，狗喘着粗气也到了地主旁边，地主说：“你这个没用的东西，滚！”从此，猫吃香的喝辣的，夜间在地主房里睡，狗却吃残渣剩饭，晚上只能在小黑屋里过夜，经常受到地主的训斥责骂，而猫呢，地主常常把他抱在怀里，用手抚摸，很是亲昵。狗看到后非常生气，越想越不是滋味。从此猫狗结下了大仇，猫见了狗总是躲躲闪闪的。

### 坑崖梁巨石

在东山上，有一处叫坑崖梁的地方，斜躺着四块巨石，非常壮观。一日，刘秀骑马路过此地，忽见四块巨石飞滚下山，刘秀见状大呼：“不好！”说时迟，那时快，扬鞭催马，飞快经过此地，回头一看，四块巨石突然停止滚动，斜插于坑崖梁上，成了今日一景，刘秀也幸免于难。据说这是刘秀回头一看，用咒语点化而成的壮观景象。

### 白萝卜和红萝卜

有一年中秋节，一个牧羊人和家人团圆赏月后巡查自家羊圈，路过一个只有八九平方米的小菜园地时，好像听见有人在说话。他停下来向四周看看，没有人，但还是觉得有说话的声音，便蹲下来，这一蹲不要紧，又听到了说话的声音。他就往有声音的地方寻找，这声音不是别处传来的，原来是在小菜园里种的白萝卜和红萝卜在说话，他一边蹲着一边吃着月饼，一声不吭地认真听起来。红萝卜叫了一声白萝卜大姐姐，白萝卜随口答应说："怎么了，红萝卜妹妹，今晚的月亮圆又圆，多好啊！"红萝卜说："姐姐，今晚月亮最圆、最明，可是我觉得咱们最孤单啊。过去，人们对咱们姐妹多好啊，哪像现在……唉！""妹妹，现在人们早把咱们忘记了！过去咱们姐妹给人们做了多大的贡献啊！牺牲了咱们姐妹，填饱了人们的肚子，现在，人们生活水平提高了，咱们姐妹俩还能生长在这小菜地里就不错了，有的姐妹连存在也不存在了。""也是，姐姐，在过去的年代里，人们一年有半年吃我们。就拿我来说吧，过去人们种的很多很多，一个生产队就得种上十余亩，收获上万斤。到了收获季节他们把我们拉回家里，挖个土窖把我们储藏起来。到了冬天、春天，用我们炒菜做饭吃，哪一天没有我们啊！有的人家还用擦板工具把我们一个个擦成一片一片的，晒到地里或房上，干了收起来，第二年春天又把我们姐妹放在一口大锅里炸，人们管这个叫'炸片片'。炸熟了捞出来，放到平整的房顶上晒干，孩子们可以当零食吃。因为我有大量糖分和胡萝卜素，吃起来甜丝丝的，强身又健体。他们还把我放进锅里蒸熟吃，美其名曰'人参'。炸片片后剩下的汤水里面有大量的糖分，人们又将我熬成稠糊状，拿着馒头或玉米饼子蘸着吃，可甜啦。人们分享着我们姐妹，就连养羊的到了冬天也拿着我们去喂羊，到了春天也是如此，我们的功劳多大啊！可是人们现在都不愿种我们了，还讨厌我们，并说‘现在饭里有没有都可以，有一点就行’。我们现在成了人们饭桌上的配角了。他们不知道我们对他们的身体有多大的好处啊！”红萝卜说到这里又叹了一声。白萝卜说：“妹妹你别说了，姐姐我也好伤心啊。除了你说的，人们一年哪能离开我们！到了秋天腌咸菜的时候，人们主要是用我做，一冬春供他们食用。可现在呢？刚才你说的把咱姐妹炸了以后放起来，到春夏食用，尤其是包饺子，把我们切碎做馅用。平时人们爱蒸菜干粮，把我们切成丝，加在面里一块蒸，做成‘菜饼子’，吃起来疏松可口，我和你一样有清肺通气的好处，现在的人很少做这样的菜饼子，虽说寿命延长了，可是身体素质差了。妹妹你还忘记了一点，都说猪肉没有过去好吃，不香，为什么呢？因为少了我们姐妹啊！过去喂猪多用我们姐妹喂，猪吃了我们，营养上去了，肉当然就好吃了，能不香吗？”白萝卜姐姐说完也叹了一声。牧羊人听着听着，也不知道什么时候忘记吃月饼，手里还拿着半块，听了她们的对话，心里不是滋味，自言自语地说：“姐妹俩话说得诚恳，为了人们情愿牺牲自己的生命。就拿我这个放羊人来说吧，我养的羊哪个不吃她们姐妹。尤其在青黄不接时，用她们姐妹来补充营养，渡过难关。所以啊我们要永远记住红白萝卜姐妹的功劳，年年种红白萝卜吧。”

## 买夜壶

从前有个老头嫌夜里下炕解便麻烦，想买把夜壶，偏就碰上个卖瓷货的，他便问卖瓷货的：“年轻人，有没有夜壶？”“有，大伯。”卖货的放下担子，拿起一把夜壶说：“就这么一个了，你想要，便宜点给你得了。”老头接住夜壶看了看，觉得这夜壶挺不错，可就是不掏钱。卖货的见他犹豫不决，就说：“你买吧，这东西不错，有了它，你就不用下炕往炕上尿，没有它你还得下炕往地下尿。”老头一听，心想是这么个理，于是就把这夜壶买下了。到了晚上高高兴兴地提到被窝里解小便，谁料想这夜壶有个眼儿，尿全漏到了褥子上。第二天他碰到卖瓷货的年轻人就问：“你这年轻人为什么骗人？”“没有啊”，年轻人笑着说：“我不是跟你说了，有了它你不用下炕往炕上尿，没有它往地下尿，你没听清我说的话怨谁！”老头心想也是，大呼上当。

### 爬山打鼓被人端

赵村铺村晋剧团打鼓的也是戏剧的总指挥王爬山，在周围村庄很有名气。他有一个特点，戏唱到高潮时他的鼓就打得特别来劲，此时他就闭上眼睛，不由自主地打起鼓，也不看鼓板，凭自己的感觉。人们给他起了个外号“爬山打鼓不用看”。

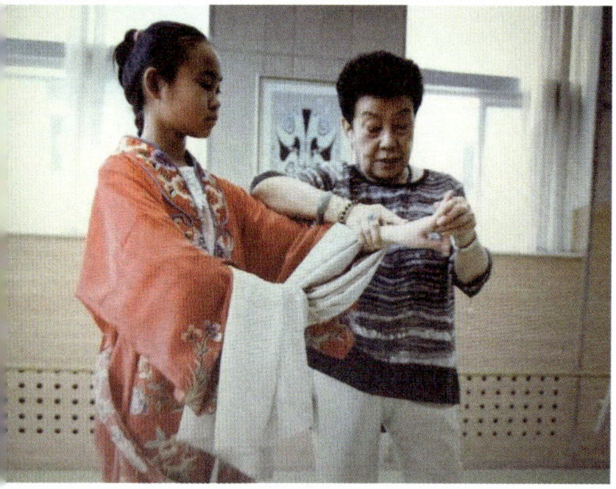
↑ 晋剧皇后王爱爱指导演员

一天邻村冯家沟几个小青年来看戏，看到此景时，几个人不由地打起赌来，其中一个叫冯改虎的年轻人被几个同伴激怒了，他的同伴说：“改虎，你不敢上去把那个打鼓的鼓端下来。”冯改虎说：“我不敢？看我的！”冯改虎说着走上戏楼，

↑ 晋剧剧目排练现场

↑ 演出前化妆

↑ 晋剧乐团

↑ 晋剧剧本

什么也不顾，戏楼上王爬山正在闭眼打鼓，冯改虎二话不说端了爬山的鼓就下了戏楼。从此，“爬山打鼓不用看”变成了“爬山打鼓被人踹”。

↑ 晋剧大衣箱

## 王八道儿

清代，赵村铺村住着一个姓王的进士。王进士曾在朝为官多年，后来逐渐年老体衰。皇上体恤他辛劳多年，恩准其告老还乡，享受朝廷的俸禄，颐养天年。因秦皇古驿道穿街而过，凡是到鹿泉开会的官员都要从这里经过。姓王的进士就居住在此巷，官员路过这里时，都要下轿或下马给王进士跪拜作揖打躬，称王进士年兄或者大人，不仅要问长问短，还要给王进士礼品或钱财，然后才能继续赶路。路过的官员对此深感不满，有官员就向村人问：“过你们村还有另一条道吗？”村人说：“有！可以走村南一条道，走村南拐到村东，然后就到秦皇古驿道了，这样就绕过了王进士居住的那条街。”后来官员就都走此道了。多日后，王进士见没有官员路过此街，问村人：“怎么不见有官员走这条道了呢？”村人说：“他们改道不走这里了，他们走村南那条道了。”王进士一听非常生气，便给官员们走的那条道起了个名叫“王八道儿”。

## 童谣

下雨嘞打泡嘞，王八带了个草帽儿嘞。

门儿露头窝窝儿眼，吃顿饭来捡大碗，
大碗端不动，小碗嫌不满，盛得慢来瞎哇哇。

一丁，二艾，要三，四快，刚五，打六，
爻七，腊八，重九一十，硌丁，硌喳，[①] 快。

谁和我，我和谁，我和他奶定炉锥。

老爷坐大堂，胡才丈二长，老爷坐北阁，胡才一个撮儿。

点点豆豆，梨花咳嗽，可地可码，拿笛吹管。

杨树叶呼啦啦，我到南边姥娘家，姥娘问我几岁啦，我和牛犊儿同岁的，牛犊把我推倒啦，我把牛犊吓跑啦。

东风儿凉，西风儿凉，孩子吃上会上炕，
东风儿吹，西风儿吹，孩子吃上会捉贼。

---

①方言词，硌丁、硌喳均为决断之意。

拉锯拉，扯锯扯，我上姥娘家去拜节，骑着蛤蟆赶着鳖。

啊——啊，孩子睡，佯盹睡，姑姑场里掐谷穗，掐上谷穗，碾黄米，碾上黄米炸油糕，你一碗，我一碗，吃死你来俺不管。

锤板石，四方方，骑上大马去烧香，大马拴到梧桐树，小马拴到柳枝上，开庙门，关庙门，里头住着个巧妙人儿，咯嘣儿咯嘣儿嗑瓜子儿，一嗑嗑了个黑嘴头。

背背背，燕儿和谁，燕和南边溜光锤，溜光锤，去撵贼，一撵撵到核桃园，核桃园里有个狼，吓得光锤没处藏，一藏藏到瓦罐

↓ 赵村铺的孩子们在演唱童谣

里，他娘叫他吃饭哩，咯嗒咯嗒下蛋哩。

红疙瘩红，白疙瘩白，我上罗庄叫姐姐，姐姐想吃马食菜。哪剜？道儿剜。哪晒？墙头上晒。一晒晒了个花奶奶，脚又大，嘴又歪，气得俺爷爷起不来。奶奶，奶奶你走吧，爷爷死了你再来。前头敲着崩崩鼓儿，后边抬着柳木材，抬到坟上没人埋，两根草棍夹回来，扔到火里咽柴来。

小老鼠儿，上灯台，偷油吃，下不来。

门口儿里进来一只猫，你白到世上走一遭。

孜唠婆，蝎地片，[①] 你跑跑我看看，一脚踩你个稀巴烂。

吃嘴官，买豆芽，吃上别人家的不掏钱儿。

遢拉裤子卖豆腐，半道儿里碰见你姐夫，

你姐夫去拜节，骑着蛤蟆赶着鳖。

月亮地儿半院子儿，老婆起来打汉子儿，打得那汉子吱哇叫，大嫂二嫂都来拉，东家长西家短，越劝越闹越显眼。

花椒树，格弯弯，我上姥娘家住几天，姥娘看见心喜欢，妗子看见扭着脸，妗子妗子你别扭，住上几天俺就走。一走走到大门

①孜唠婆和蝎地片均为方言词，分别指蟒蟮和土元。

口，门口卧着一只狗，不敢走，不敢宿，立到边儿里咬指头。

麻鸦雀（喜鹊），尾巴长，娶了媳妇忘了娘，把娘背到山背后，媳妇背到炕头上，媳妇吃稠娘喝汤，你说这小子狼不狼。

哏儿哏儿哏儿草垛，俺娘不给俺娶老婆儿，一娶娶来十八个，好的好的都跑了，门旮旯剩了个秃老婆。红着眼儿叉着腰，让她干茧儿[①]，哄嗉着，让她扫地不扫地，嘟囔嘟囔一溜屁；让她推碾不推碾，坐到边里揉红眼；让她推磨不推磨，拄上拐棍尽坐着；让她打油不打油，打破油罐儿倾来油；让她刷锅不刷锅，脱下鞋来洗裹脚；让她洗碗不洗碗，茅了旮旯里抠屁眼。这么儿说那么儿调，两眼儿一瞪吓一跳，公婆数落妯娌劝，晌午吃不了早起饭。

拉锯，拉锯，姥娘门儿廊一台戏，请闺女请女婿，外甥子也想去，姥娘啊没的吃，粗糠细糠捏的那窝窝有翅膀，哧啦飞到南边柳树上。

小曼青里是红的， 俺娘打俺是疼的，
俺奶奶不拉俺，咯噔咯噔气死俺。

吃嘴官，买豆腐，吃俺的不掏钱；
烂瓜嘴，流黄水，流了你婆婆一裤腿。

---

①干茧儿为方言词，指干活。

羊粪蛋，滚山坡，你是兄弟，俺是哥。打一壶酒，咱俩喝，喝醉了，打老婆。打得老婆上高桌。高桌没格蹬，跌下来变个烂杏，烂杏没核，变个牛犊。牛犊不吃草，变个土地佬。土地佬不吃饭，变个鞋底片。东屋里跑，西屋里蹿，一脚踩了个稀巴烂。

蛋蛋光光，爷爷庙上烧香。

月亮地，满院子，谁家老婆打汉子，打得汉子吱啦啦。大嫂二嫂快拉架，你两口打架为什么？问他要钱不顾家，先当了我的红绸子袄，又当了我的一个大手帕！二嫂啊，你们千万不要护救他！

一垛二，垛郎岗，郎岗女子会要枪。
三角眼，瞪眼皮，骑上母猪去赶集。
赶集吃了饸饹面，提拉着裤子往回蹿。

摇啊摇啊摇，摇到外婆家。
外婆夸我好宝宝，糖一包，果一包，还有哈米糕。

公鸡头，草鸡头，不在这头在那头。

搓麻绳儿绾疙瘩，不叫爹来还是打。

油果香，烧饼脆，吃着馒头噎了胃。

# 谚语

早起三光，晚起三忙。

千里送鹅毛，礼轻情意重。

人善被人欺，马瘦被人骑。

人心齐，泰山移。

鱼找鱼，虾找虾，乌龟找的是王八。

人敬我一尺，我敬人一丈。

人往高处走，水往低处流。

酒逢知己千杯少，话不投机半句多。

吃不穷，穿不穷，打算不到就受穷。

新三年，旧三年，缝缝补补又三年。

不听老人言，白草长成山。

天时不如地利，地利不如人和。

公鸡打架头对头，夫妻吵嘴不记仇。

老乡见老乡，两眼泪汪汪。

好话一句三冬暖，冷言一句六月寒。

良药苦口利于病，忠言逆耳利于行。

学如逆水行舟，不进则退。

佛争一炉香，人争一口气。

你走你的阳关道，我走我的独木桥。

话多伤人，食多伤身。

看景不如听景，见面不如闻名。

远走不如近磨。

歪戴帽狗材料，长大不是个好材料。

三岁看大，七岁看老。

读书破万卷，下笔如有神。

雪中送炭真君子，锦上添花是小人。

凡事三思而后行。

驴啃脖子工变工。

狗不和鸡斗，男不和女斗。

清官难断家务事，衙门少有善良人。

骂人不理，骂着自己。

细水长流，年年有余。

好朋友明算账，清楚算账糊涂了。

黎明即起，打扫庭厨。

锄地锄边，看媳妇眼宽。

冬练三九，夏练三伏。

种地只管种地，不听蝼蛄叫唤。

暖和别忘带衣裳，吃饱别忘带干粮。

打人不打脸，骂人别揭短。

做到老学到老，学到八十也不巧。

一样人一样待，一样馍馍两样待。

饥来困，饱来闷，不饥不饱不待动。

为人不做亏心事，不怕半夜鬼叫门。

练胳膊练腿，不如练嘴。

不打勤不打懒，专打你这不长眼。

人走时运地发暄。

宁得罪远亲，不得罪近邻。

嘴是两张皮，行说东来行说西。

穷也没有穷到底，富也没有扎下根。

得理不让人，没理搅三分。

晚上下雨白天晴，气得长工歇不成。

师父引进门，修行在自身。

惯你吃，惯你穿，不能惯你没人样。

为人为不下，得罪人一句话。

平时不烧香，临时抱佛脚。

好汉护三村，好狗护三邻。

人逢喜事精神爽。

萝卜不大，长在蹦上。

人各有志，不能强求。

糠菜半年粮。

斗里二个半，不用瞎打算。

水不可斗量，人不可貌相。

井里蛤蟆没见过锣大的天。

好事不出门，坏事传千里。

糠布袋，米布袋，揉揉鼓起来。

家里不和外人欺。

天旱三年，饿不死锅边。

人小鬼大难招架。

占小便宜吃大亏。

有理走遍天下，无理寸步难行。

小孩的屁眼，光光的嘴，愿意说啥就说啥。

好死不如赖活着。

紧紧让让吃不了，争争占占不够吃。

想受累，请办会，想生气，办一台戏。

用人靠前，不用靠后。

三十亩地一头牛，孩子老婆暖炕头。

老天爷饿不死瞎眼的雀。

宁拆一座庙，不拆一桩婚。

为人不做亏心事，半夜叫门心不惊。

瞎娘抱着秃娃娃，人家不夸自己夸。

人过要留名，雁过要留声。

嫩北瓜吃不住棉油炒。

着急光棍棍不发财。

人在屋檐下，哪敢不低头？

退一步海阔天空，争不休两败俱伤。

生气不如忍气。

一个巴掌拍不响。

饭后百步走，能活九十九。

穿衣吃饭看家当。

鞭打皮肉疼，话说骨头疼。

打是亲，骂是爱，不打不骂土拉块。

庙小妖风大，水浅王八多。

见人不施礼，白走二十里。

树大招风，赌气不养家。

看贱吃穿。

人活一张脸，树活一张皮。

枣木犁耙犁一张，赶上黄牛去开荒。

油果香，烧饼脆，吃着馒头噎了胃。

六月里穿皮袄，不看有没有。

不是一家人，不进一家门。

小儿饥寒得安然。

三天不打，上房揭瓦。

是福不是祸，是祸躲不过。

福不双降，祸不单行。

大难不死，必有后福。

聪明反被聪明误。

栽筐离不开担子，老婆离不了汉子。

三日冷四日暖。

新媳妇坐门墩，蝎子蜇了屁股沟。

嘴上没毛，说话没风。

萝卜换菜根，越换越不值。

少年的夫妻老来的伴。

整瓶不响，半瓶咣当。

舍不了孩子套不住狼。

宁要人可怜，不要人讨厌。

叫人吃饭看紧慢。

男怕入错行，女怕嫁错郎。

好借好还，再借不难。

不蒸馒头争口气。

房檐滴水三指雨。

场光地净。

一九二里半，一天长一线。

麦黄种麻，麻黄种麦。

大葱怕动不怕冻。

瑞雪兆丰年。

争边占垄粮满仓。

秋里旱赛老虎。

三追不如一底。

年外不如年里。

种蒜不出九。

天上钩钩云，地下雨淋淋。

七遍高粱八遍瓜，九遍棉花下把瓜。

头遍浅，二遍深，三遍四遍地板上亲一亲。

八月十五云遮月，正月十五雪打灯。

头伏萝卜二伏菜，三伏过来撒荞麦。

植谷晚麦，十年九坏。

谷重茬，守着哭。

立秋三天种白菜。

云彩往东，一阵风；云彩往西，骑上大马去接雨；云彩往南，水团团；云彩往北，一阵黑。

东虹胡雷，西虹雨，北虹过来卖儿女。

先响胡雷不下雨，后响胡雷天不晴。

花见花二十三，现蕾开花四十八。

麦收一晌，龙口夺粮。

春争日，夏争时。

秋分早，霜降迟，寒露种麦正当时。

处暑拔麻捆扫帚。

三伏有雨多种麦。

一场秋雨一场寒。

伏伏有雨，九九有风。

早看东南，晚看西北。

六月六看谷秀，七月七吃新米。

芒种见麦茬。

粪大水勤不用问人，庄稼不施粪，等于瞎胡混。

耕地看坨头，擦地看牛腿，种地看耧头。

你误地一垅，地误你一年。

一九二九不出手，三九四九冰上走，五九六九沿河看柳，七九河开，八九雁来，九九加一九，耕牛遍地走。

枣发芽种棉花。

三月三的风，四月四的雨，麦子黄疸谷子秕。

人哄地皮，地哄肚皮。

有钱难买五月旱，六月连阴吃饱饭。

春雨贵如油，春冷不收麦。

谷雨前后，种瓜点豆。

早锄一寸，强如上粪。

麦子不怕草，就怕坷垃咬。

杨絮落到蒜格杈。

有钱买籽，无钱买苗。

格巴一掐，三天不长。

白露不种，寒露不收。

六月韭，臭死狗。

立了秋，大小尖一齐揪。

稠留稀，稀留稠，没有苗来草也留。

二月清明花开败，三月清明花不开。

过了芒种急种田。

六月天，孩儿脸，说变就变。

↓ 午后闲适的庭院

见缝插针，争垄争边。

科学种田，越种越甜。

立了秋，把扇丢。

秋后耕地胜过一茬粪。

三九四九，冻破石臼。

三月茵陈，四月蒿。

日晕风，月晕雨。

早起雾，晒破肚。

时到不等枝，枝到不等时。

麦子伤镰一包面。

九月九阴，一冬温，九月九晴，一冬冷。

早烧连阴，晚烧晴。

霜降不出菜，终究是一害。

麦子上场，核桃半瓤。

大暑小暑，灌死老鼠。

冬至十天阳历年。

大寒小寒，杀猪过年。

谷重茬，不回家。

烟筒不冒烟，不是下雨就是刮风。

锄头底下有水又有火。

雹砸一条线。

七月十五红头枣。

桃三杏四梨五年，想吃核桃十八年。

九月九至十三，十三不下雨，麦子一冬干。

棉花收不收，单看正月二十五。

五月十三磨刀雨。

小满谷打满屋。

谷雨麦怀胎。

芒种不开镰，不过三五天。

春打六九头。

庄稼一枝花，全凭粪当家。

夏至十八天，冬至日头当日回。

过了冬至，一天长一线。

伏里有雨多种麦。

二八月，乱穿衣。

插耧紧三摇，停耧慢三摇。

施肥一大片，不如一条线。

冻葱暖蒜，蚕熟一时，麦收一晌。

春分秋分，昼夜相等。

双耳晴，单耳阴，三环套日动刀兵。

天旱锄园，下雨浇园。

燕子低飞蛇过道，蚂蚁搬家山戴帽。

过了四月十八，一天比一天热。

立春三场雨，遍地都是米。

# 谜语

铜钱大一块布，格皱纹没有数。（肛门）

头戴尖尖帽，身穿绿布衫，下身穿着白裤衩，屁眼长着一撮毛。（大葱）

姐妹七八个，围着柱子坐，大家一分手，衣服就扯破。（大蒜）

脸对脸，怀对怀，一个挤，一个奈[①]。（开脸）

东场西场两小鬼，拿着鞭子撵娘。（打麦场）

两个孩子一般高，你在岸上等等我，我在阴间走一遭，我回来你再去。（用桶打水）

两口子睡觉不大点，中间连着不大点。（吕字）

两个孩子一般高，推着车车卖核桃。（屎壳郎滚蛋蛋）

格出娘娘格出被，格出娘娘里边睡。（核桃）

你硬俺软进不去，进不去来用嘴舔。（认针）

小时发青老来红，崩了头子黑眼睛。（花椒）

麻屋子，红帐子，里头住着白胖子。（花生）

半岸有对葫芦，孩子抱住不啼哭。（乳头）

半岸有个抽屉，里边放着半斤肉。（耳朵）

一对鸽，咕嘀咕嘀，白天饱晚上饿。（鞋）

肚里装着好多小饺子，甜了嘴巴丢了小饺子。（黑枣）

---

①奈为方言词，意为两只手对着挤。

中国民间文化遗产抢救工程
THE PROJECT TO CHINESE FOLK CULTURAL HERITAGES

赵村铺村山清水秀，四季分明，物产丰富，果实硕甘。传统的手工食品，美味可口，经济实惠。村民发挥自己的聪明才智，经过上百年的生活实践，利用本地杂粮果蔬做出风味独特的传统小吃，至今名扬四方。

↓ 赵村铺牌楼

# 第六章
# 名优特产

# 特色物产

## 煤炭

煤炭是山区人民的生活必需用品，用途广泛。赵村铺地下有着丰富的煤炭资源，村里有开采地下煤炭的传统。煤炭埋藏在地下120米深处，煤炭质量高，属于有烟煤，可民用，但工业用途更广。开采时先在地上掘井，井下开行道挖煤，立井架向上提煤。村小煤窑年产量10000吨，煤层5米多高，也有2米高的。煤田分布在赵村铺村西地下，现仍有一部分煤炭未开采。过去，赵村铺的小煤窑星罗棋布，因此赵村铺俗有“七十二窑”的说法。

## 石灰

石灰是山区人民经常使用的建筑材料，制作简单，但用途广泛，人们用石灰建房子，浆砌水渠，石灰也是工业的主要材料。赵村铺村民也有烧制生石灰的习俗。烧制生石灰主要原料有优质石灰石、煤炭。烧制生石灰的窑是露天的，圆形，窑的大小根据烧制生石灰数量的多少而定，可大可小。生石灰烧制方法简单，窑底层有通风与点火道，先放木材和煤炭燃料，然后摆放一层石块，放一层煤炭，以此类推，直至装满，最后用麦秸泥封项。点火烧窑后，大约十天生石灰就烧熟了。如今，石灰烧制已实现机械化，村中不少石灰窑已废弃不用，但这些大大小小的石灰窑却是赵村铺发展历程的见证。

### 石材石雕

石材是山区人们经常使用的生活、建筑、装饰材料，赵村铺出产的石材制作精细，雕刻美观，用途广泛。赵村铺村东南方向地下有大量优质青石灰石，石材尺寸不一，可大可小，可长可短，形状可圆可方。石材可用来雕刻石门槛、鼓儿门墩、上马石、旗杆石、石条、塔手、压沿、碌碡、墓碑、石槽、臼旯、板院子、窑洞、拴马石、界碑石、匾额、石锁、供桌、砘子、石磨、石碾、券石、门楼、井盖等。

↑ 鼓儿门墩石

↓ 石塔手、石台阶

石塔手细节

石塔手细节

上马石

瑞子登门门墩石

拴马石

文昌阁供桌

保泰阁石碑

↑ 石碾

↑ 小石磨

# 传统手工艺

↑ 布鞋鞋底

## 做土布鞋

赵村铺土布鞋有着悠久历史，其优点是柔软、吸汗、跟脚、耐穿。 第一道工序：搓麻绳。搓麻绳要求均匀、光滑、结实，最适宜搓麻绳的时间是农历六七月，此时气候湿润，家家户户的妇女们劳动之余搓麻绳。在柳荫下、村旁巷道里、大门口、池塘边，一排排、一行行坐满了搓麻绳的妇女，她们把麻皮一条一条理平理直，卷起裤腿，在腿上搓起来，一条条乱麻皮在她们灵巧的手中变成了一条条细而光滑的细麻绳。第二道工序：备夹底。把平整破旧的衣服，剪成大小不一的片，准备几个大木板，首先在木板上刷一层面糊，再贴一层剪好的旧衣服片，一层一层，以此类推垫起来。每块木板糊3~4层，厚度要一致，然后进行晾晒，干后揭下来备用。第三道工序：纳鞋底。这一步是做土布鞋的关键工序，它费时、费力，技术性强，是一项细活。将晾干后的夹层，根据鞋的大小，用备好的鞋底样剪好，根据鞋底薄厚用布一层层垫起来，中间用柔软的旧衣服，鞋底面用好一点的白布，鞋底周围用白衬带包起来，这样一个完整的鞋底就做成了。将制好的鞋底拿在左手中，右手持针、麻绳，纳鞋底的针线要求竖横成行，均匀一致，一针挨一针，一个鞋底下来可谓千针万线，手巧的妇女还会在鞋底中间纳上图案，真是一件美丽的手工艺品。最后一道工序是做鞋帮、上鞋底。鞋帮有方口的，有上气眼（绑鞋带）的。将做好的鞋帮与鞋底连接，这样一双土布鞋就做成了。

## 扎笤帚

笤帚是村民打扫卫生的常用工具，虽制作粗糙，但用途颇多，处处可见其踪迹。赵村铺村民也常用，既经济又方便，还耐用。笤帚制作技艺已有上百年历史。一般用农作物的下脚料，黍的穗成熟脱粒后的黍枝，扎笤帚最好。扎笤帚的工具为用枣木枝做的“蹬拐”和“腰弓”，再用一条牛筋式细钢丝绳将其连接，即可使用。扎笤帚的原料除用黍枝外，高粱穗枝和山坡上长的一些硬软草枝也可扎制笤帚。扎笤帚的工序不太复杂，首先是把事先备好的原料——笤帚枝用水浸泡一下，然后佩戴好腰弓、蹬拐、围腰、细麻绳，即可开始扎制。先将一束笤帚枝缠在牛筋上，再用脚使劲蹬拐，与腰弓相持撑紧牛筋绳，双手握住笤帚枝在牛筋上转动，笤帚枝被勒紧后即缠上麻绳（细绳）系好死扣，用镰刀削去部分笤帚枝后梢，以作续口。然后将第二束笤帚枝放在续口上，再进行扎制。扎制五束后，要在笤帚枝后梢上连3~5道经，最后将尾梢用镰刀削去，一个完整的笤帚就做成了。也有一些技艺高超的人为了变换花样，在笤帚的前顶部扎一个凸节，俗称“姑姑头笤帚”，甚是好看。

# 风味小吃

赵村铺村有不少传统的民俗节日，这给饮食文化的交融提供了良好的环境。为满足亲朋好友、游客和村民自己的需求，这里的人们将本地物产加工成独具风味的小吃，呈现在节日宴席和日常生活的饭桌上，使品尝者津津乐道。

## 闲饭

闲饭是一种集菜、米、面几者于一锅的“混合饭”。做法如下：将水烧开后，先把自家人爱吃的蔬菜，如北瓜、胡萝卜、红薯等，放入锅中。然后将米洗好，放入锅中同煮，并不时用勺子搅一搅，防止糊锅。还可放些嫩玉茭、嫩豆角之类。出锅前放些杂面条、面皮、玉茭面疙瘩、白菜叶，再滚一下就可食用。

## 疙瘩捞饭汤

疙瘩捞饭汤是人们干重活时常吃的一种家常饭，旧时是招待客人的上等饭菜。先把小米煮熟，捞出来盛在盆里，称为“捞饭”。用玉米面和黄米面掺和，在水中放点盐，把面和好，然后将面团用擀面杖擀成0.5厘米厚的面片，再用刀切成棋子（棱形）疙瘩或用手搓成圆形疙瘩放入锅内，开锅后下杂面条，撒上葱花即可。吃时先将捞饭盛于饭内，浇上疙瘩汤饭，味道鲜美。

## 抿须

抿须是山区人们粗粮细作的一种面食，以豆面为主料，掺少量白面或玉米面，用水和成软面豆面团。将抿须床放在已烧开的锅上，上面放上软面团，然后用手握住抿须锄，使劲抿面团，形似蝌蚪的面落入锅中。边抿边煮，煮熟后捞出，浇上卤汤食用。一般有肉卤汤、芥菜卤汤、西红柿卤汤等，吃着软滑爽口。也可以先在锅里放些各种叶类蔬菜，如白菜等，再抿上面，开锅后撒上菠菜叶，放上盐，用少量油喷上一层，再撒些葱花，味道更好，俗称“一锅熟”，是招待亲朋好友的上好美食。

↓ 刚出锅的抿须

## 饸饹面

饸饹面是村民粗粮细作的一种面食，有小麦面和山药面两种。将小麦面和成面团，山药面可捏成窝窝头状。蒸熟后，将饸饹床放于烧开的锅上，把蒸熟的面团塞进饸饹床漏眼中，压下饸饹床杆，使饸饹入锅，煮熟，捞出，盛碗，再配上自制的卤汤，一般有肉卤汤、芥菜卤汤、西红柿卤汤等，吃起来香甜、滑爽、劲道。现今饸饹面已成为招待宾客的特色小吃。

## 云头

小麦面粉加花椒、大料、葱丝、食用油、水等佐料，放入面盆中，用手搅拌和面。和好后，放在面板上，用擀面杖把面团擀成厚0.5厘米、长短不限的面块，然后用刀把面片切成长2厘米、宽1厘米的块状，放入油锅直接炸熟食用。

↑ 面食小吃——云头

## 团子

团子是村民年节必备的食品，寓意团团圆圆。团子有菜团子和豆馅团子两种。豆馅团子制作时，先把小豆或豇豆放到锅内小火慢煮，煮至小豆或豇豆吃起来发“面”为好。菜团子制作时将白萝卜、南瓜擦成细丝，放到锅内煮至半熟捞出，用刀剁成馅。芝麻在锅内先炒至微黄，用擀面杖擀碎加到馅里，将少量食用油倒入锅内，油热后把馅倒入锅内炒一下，放上食盐、花椒面等佐料，如制作肉馅团子加肉即可。馅里也可以加糖、红枣泥。旧时人们用玉米面和黄米面混合，发酵后加适量碱揉匀、醒面，然后做成面片，包上菜馅或豆馅、肉馅，用双手团一团，团成椭圆形的菜馅团、豆馅团、肉馅团，上锅急火蒸熟即可。团子小巧，勾人食欲。旧时主要蒸玉米面和黄米面的菜馅团、豆馅团，基本没有小麦面，现在主要蒸小麦面的。

↑ 农家自制手擀面

## 手擀面

手擀面是一门历史悠久的手艺活，难度主要体现在和面、刀工上，所需工具如下：大案板一个，薄刃长刀一把，擀面杖一根。和面时有碱面、水、盐配比，步骤有揉面、摔面、切面，面条均匀不断刀，比现在挂面稍粗，且更筋道。过去人们“过事儿”，吃面常请手艺人擀面，现在会手擀面的人不多，擀面技艺也远不如过去。

## 薄煎饼

煎饼是山区美味可口的食品，分薄煎饼和厚煎饼。因为山区干旱，不适宜小麦的生长，人们只种秋粮；又因山区地块小，人们因地制宜，多种谷子、高粱、绿豆、芝麻等杂粮。为了吃饱，人们开始对杂粮进行加工，粗粮细作，这不但解决了粮食短缺问题，

↑ 赵村铺村民在摊煎饼

还形成了独有的风味。赵村铺村民素有做薄煎饼的传统。薄煎饼用料包括绿豆、黄豆、玉米、花椒、芝麻、盐等材料，具体做法如下。先选好各种豆，将以上原料用小石磨碾碎，去掉豆皮，只留豆粒，根据需要掺入小米，小米加的多少，决定煎饼的筋道程度，多则硬，有嚼头，少则软，易破碎。将原料放入盛水的桶或缸内浸泡8~10个小时。将浸泡好的原料和佐料花椒、盐、芝麻连料带水加入石磨内，磨制成稀粥状的面糊，备用。铁鏊子是个直径约40厘米，中间高、周围低的圆形的锅具。将大而薄的大铁鏊子架在三块石头或砖上，下边空隙放柴禾。为防火过旺烤煳煎饼，多选用麦秸、玉米皮、软柴草、芝麻秸为柴。点着柴禾烧至鏊子发热，抹油，然后用勺将面糊盛到鏊子中心，用木质的三角刮板，将面糊从中心一圈一圈在铁鏊上摊平，要摊得薄厚均匀，稍等片刻，等饼面鼓起，呈金黄色即熟，用小铁铲铲起边沿揭下，就成了薄如纸的“薄煎饼”，也称杂面煎饼。因做薄煎饼烦琐，人们一次做很多，长时间存放，随吃随取。煎饼的吃法很多，大锅菜泡煎饼、杂面汤泡煎饼、羊杂汤泡煎饼等，都是难得的美味。现今生活水平提高，杂粮已不是主粮，煎饼也成为一种街头小吃。人们吃惯了大鱼大肉和精细米面，偶尔也需要用质朴的薄煎饼换换口味。薄煎饼的主料是杂粮，可以为人体提供丰富的膳食纤维和微量元素，具有重要的营养价值。

## 厚煎饼

厚煎饼用料为小米，制作工具是带盖的小铁鏊子，小铁鏊子中心凸起有边沿，直径大约30厘米。将专用的小铁鏊子置于炉火上，烧热抹油，舀一勺米糊，倒在中间，使之流向周围，流至边缘凹槽中，形成厚边，加盖烙熟。因为是发酵面，饼面膨胀多眼，待面糊上色，用铁铲翻起再烙另一面，待煎饼表面呈金黄色，从中间叠起铲出。煎饼暄软，有发酵小米面自身的香甜味，深受老人小孩的喜爱。

## 豆腐

豆腐是人们必不可少的食品，吃起来美味、可口、香嫩，做起来工序繁多。选豆：将大豆中的劣豆、杂豆、秕豆、虫蛀豆拣去，最好用当年的新豆。浸泡：将大豆倒入水缸里，加水至大豆以上3~5厘米，夏天用凉水，冬天用温水。根据气温决定浸泡时间，以大豆水分饱和为准。磨浆：将浸泡好的大豆用石磨或磨浆机磨，越细越好。泼浆：先将磨好的大豆浆倒入一个大缸内，再将开水倒入大缸内，不断用棍棒搅拌，直至均匀。过滤：细布袋或细丝网和木质井字支架架于大锅上，将磨好的浆舀入布袋中使劲挤压出豆浆，布袋中剩下的豆渣可作他用。煮浆：过滤完的豆浆倒入大锅内进行煮浆，开锅即可。点卤：将煮好的热浆倒入一个大缸内，待温度降至85度后开始点卤，卤要一点一点地点，顺时针用木棒搅拌，直至浆水出现絮状物即可，点好浆盖好盖，等待浆水全部凝固。压制：备好木质豆腐箱和用布做的包单，将凝固的豆浆倒入木质箱内，用包单包好，放一块和豆腐箱大小一致的木板，然后放一块重约100斤的大石块压上，30分钟后豆腐成型，即可食用。

### 缸炉烧饼

赵村铺村缸炉烧饼具有香、松、脆的特点，是一种可口的细粮食品。赵村铺村自古以来民风淳朴、崇尚节俭，村民将有限的粮食转化为各种美食，形成了绚丽多彩的饮食文化。“缸炉烧饼”即为其中最具代表性的食品，历史久远。制作缸炉烧饼的关键之一是缸炉。古时的缸炉外套是用当地特产的陶瓷大瓮，底部架上炉条，上边扣一个凿去底的小陶瓷缸，形成了口小、肚子大的缸炉膛。炉膛内的燃料是用烟煤燃烧一次以后无烟的乏炭（兰炭）。现在用无烟煤，火力适中，烤出的烧饼无煤烟味。也可用电烤箱烤制。做烧饼用的面粉要选上好的小麦面粉，先用适量食用油把面拌成絮状，加入食盐和温水和成硬面，然后擀成圆饼，折成方形，再擀开再折起，反复三至五遍，最后折成长方形的烧饼坯。擀的次数越多，烧饼层数越多，食用时就越香脆可口。将擀好的烧饼坯光面向上，排列整齐，抹上清水，撒上去皮的白芝麻，翻转微拍，使芝麻粒牢固地粘在烧饼表面。待缸炉的炉膛壁到合适的温度时，即可将烧饼贴到炉壁上烤制。如在和面时根据需要适当减少水的比例，增加食用油的比例，即成“油酥烧饼”，食用时口感更加鲜香酥脆。

↑ 烧饼坯

## 结语　留住历史　开创未来

赵村铺村文化遗产承载着村落历史和记忆。村落古民居建筑，节日习俗、文化艺术、庙会娱乐、传说故事、传统手工制作等，为赵村铺村千百年来的积淀，并在历史变迁中得以传承和创新，构筑起赵村铺村的文化基石，树立了赵村铺村的文化精神，增强了村民的凝聚力。随着城镇化高速发展，传统村落也受到冲击，赵村铺村和全国许多村落一样，正面临村落文化消失的危机。

↑ 赵村铺村“文明村”牌匾

石家庄市文物局、井陉县文物所多次对赵村铺村文物进行调查和史料收集整理。1987年河北省文物厅孟繁礼研究员来到赵村铺村进行调研，对赵村铺村的龙王庙、古戏楼、长福阁、保泰阁、文

↓ 村东苍山

昌阁、高氏祠堂、王氏祠堂、古民居、古井、秦皇古驿道等古迹的现状进行普查、记录、立档。2013年石家庄市文物局来村普查文物，并记录、拍照。1980年赵村铺村成立了文物保护组织，负责文物的保护和节日活动的组织、庙会的组织和安全保护工作，首先恢复了一年一度的正月十九过会、二月十五庙会。2006年集众资4万余元对长福阁进行了维修，2010年集众资7万余元对保泰阁进行了恢复性重修。2011年，井陉县政府拨资4万元，集众资4万元，抢救性重修文昌阁上半部分。2013年王氏家族集众资2万元维修王氏祠堂。2015年高氏家族集众资20余万元，恢复了高氏祠堂。2006年赵村铺村晋剧、太平杆火被列入井陉县非物质文化遗产。1987年赵村铺村被井陉县政府命名为“文明村”，1997年被井陉县政府评为“小康村”，2001年被井陉县政府命名为“首批文化示范村”。2012年石家庄市财政局给赵村铺村艺术团补助资金14万元。2013年井陉县“八大拉花培训基地”之一、井陉县农村文

↓ 平赞高速赵村铺隧道

艺辅导基地同时落户赵村铺村。2014年正月十九日，井陉县政府在赵村铺村举办了“首届民俗文化游暨赵村铺村第十二届农民文化艺术节”。2014年赵村铺村被河北省民俗文化协会评为“民俗文化名村”。2014年按照中国文学艺术联合会开展的中国传统村落立档调查方案，对赵村铺村进行了地毯式大普查，并将所得数据上报有关单位。2017年赵村铺村申报了第五批“中国传统村落”，并于2019年6月入选。赵村铺村是一个古老的村庄，犹如一位饱经沧桑、阅世甚深的老人，既有深厚的文化积淀，又承载着世代子孙魂牵梦萦的“乡愁”。她所承载的物质和非物质文化遗产，是传承民族血脉和熏陶锤炼优秀品格的重要精神源泉。在我国现代化建

↓ 平赞高速赵村铺大桥

↑ 赵村铺村全貌

设中，保护历史文化名村，对人文历史、自然风貌等进行记录，是功在当代、利在千秋的伟大事业，对研究、传承、弘扬、创新中国传统文化，实现中华民族伟大复兴，具有深远的历史意义。家园需要呵护，硕果需要众人浇筑。保护、传承、弘扬赵村铺村物质和非物质文化遗产，需要我们这一代人的努力奋斗。展望未来，我们信心十足，首先要加强对赵村铺村民俗文化的保护，对传统文化资料进行收集、整理、建档，恢复龙王庙、古戏楼、五龙桥，维护古建筑，建立一处民俗博物馆，编纂《赵村铺村志》和《井陉传统村落·赵村铺》等书，重修高氏谱书和王氏谱书。“人类文明的进化不能没有积累和继承，历史的车轮可以碾过如梭的岁月，但不应拆毁我们心灵回归故里之路。”名人的论述，让我们展望未来，增强村庄文化意识，也让我们保留故乡记忆，记住我们的乡愁。

## 附录1 赵村铺村古代人物

| 功名 | 姓名 | 年代及资料来源 |
|---|---|---|
| 生员 | 王明生 | 明崇祯年间 清凉山碑记 |
| 生员 | 王化新 | 明崇祯年间 济川公九族谱系碑 |
| 庠生 | 高配天 | 清康熙三年（1664）高氏宗谱 |
| 生员 | 吴　朝 | 清康熙四年（1665）清凉山碑记 |
| 贡生 | 王从谓 | 清康熙二十四年（1685） |
| 生员 | 王　哲 | 清康熙五十年（1711）济川公九族谱系碑 |
| 生员 | 王　昌 | 清康熙五十年（1711）济川公九族谱系碑 |
| 举人 | 王　方 | 清康熙五十年（1711）济川公九族谱系碑 |
| 生员 | 王　端 | 清康熙五十年（1711）济川公九族谱系碑 |
| 生员 | 王逢圣 | 清雍正八年（1730）济川公九族谱系碑 |
| 生员 | 王从远 | 清雍正八年（1730）济川公九族谱系碑 |
| 生员 | 王从隆 | 清雍正八年（1730）济川公九族谱系碑 |
| 生员 | 高应霄 | 清乾隆二年（1737）高氏宗谱 |
| 庠生 | 高　昱 | 清乾隆五年（1740）高氏宗谱 |
| 生员 | 王　鹏 | 清乾隆六年（1741）济川公九族谱系碑 |
| 生员 | 高　宣 | 清乾隆八年（1743）高氏宗谱 |
| 生员 | 高　憬 | 清乾隆十一年（1746）高氏宗谱 |
| 候选进士 | 王　从 | 清乾隆十二年（1747）文昌阁碑记 |
| 生员 | 高　砾 | 清乾隆十四年（1749）高氏宗谱 |
| 增生 | 高　立 | 清乾隆十八年（1753）高氏宗谱 |
| 庠生 | 高如升 | 清乾隆二十年（1755）高氏宗谱 |
| 举人 | 王　綖 | 清乾隆二十四年（1759）济川公九族谱系碑 |
| 生员 | 高　拔 | 清乾隆三十二年（1767）高氏宗谱 |
| 生员 | 高　玺 | 清乾隆三十八年（1773）高氏宗谱 |
| 生员 | 高　岐 | 清乾隆四十一年（1776）高氏宗谱 |
| 监生 | 高采芳 | 清乾隆四十五年（1780）高氏宗谱 |
| 监生 | 高采淑 | 清乾隆五十一年（1786）高氏宗谱 |
| 举人 | 王殿用 | 清乾隆五十三年（1788）济川公九族谱系碑 |
| 武生 | 王朝用 | 清乾隆五十三年（1788）济川公九族谱系碑 |
| 生员 | 王作义 | 清乾隆五十三年（1788）济川公九族谱系碑 |
| 贡生 | 王作梅 | 清乾隆五十三年（1788）济川公九族谱系碑 |

（续表）

| 功名 | 姓名 | 年代及资料来源 |
|---|---|---|
| 庠生 | 王作肃 | 清乾隆五十三年（1788）济川公九族谱系碑 |
| 岁贡生 | 王孰中 | 清乾隆五十五年（1790）济川公九族谱系碑 |
| 贡生 | 王　统 | 清乾隆五十五年（1790）济川公九族谱系碑 |
| 岁进士 | 王　绪 | 清乾隆五十五年（1790）济川公九族谱系碑 |
| 武生 | 高得盛 | 清嘉庆三年（1798）高氏宗谱 |
| 监生 | 高得才 | 清嘉庆九年（1804）高氏宗谱 |
| 生员 | 高成栋 | 清嘉庆十年（1805）高氏宗谱 |
| 生员 | 高文简 | 清嘉庆十六年（1811）高氏宗谱 |
| 增生 | 王锡林 | 清嘉庆年间　济川公九族谱系碑 |
| 增生 | 王锡魁 | 清嘉庆年间　济川公九族谱系碑 |
| 监生 | 王　浩 | 清嘉庆年间　济川公九族谱系碑 |
| 监生 | 王　润 | 清嘉庆年间　济川公九族谱系碑 |
| 监生 | 王　淮 | 清嘉庆年间　济川公九族谱系碑 |
| 监生 | 高复增 | 清嘉庆年间　高氏宗谱 |
| 生员 | 王　竹 | 清嘉庆年间　济川公九族谱系碑 |
| 生员 | 王　济 | 清嘉庆年间　济川公九族谱系碑 |
| 武童 | 王　潘 | 清道光三年（1823） |
| 生员 | 高　旭 | 清道光十六年（1836）高氏宗谱 |
| 生员 | 高淑身 | 清道光十九年（1839）高氏宗谱 |
| 生员 | 高泽霖 | 清道光二十六年（1846）高氏宗谱 |
| 武生 | 王思伦 | 清道光年间　济川公九族谱系碑 |
| 武生 | 王思全 | 清道光年间　济川公九族谱系碑 |
| 监生 | 王思德 | 清道光年间　济川公九族谱系碑 |
| 监生 | 王思泰 | 清道光年间　济川公九族谱系碑 |
| 监生 | 王思成 | 清道光年间　济川公九族谱系碑 |
| 监生 | 王思经 | 清道光年间　济川公九族谱系碑 |
| 监生 | 王思训 | 清道光年间　济川公九族谱系碑 |
| 生员 | 王思敏 | 清道光年间　济川公九族谱系碑 |
| 生员 | 王思敬 | 清道光年间　济川公九族谱系碑 |
| 生员 | 王思义 | 清道光年间　济川公九族谱系碑 |
| 生员 | 王思圣 | 清道光年间　济川公九族谱系碑 |

（续表）

| 功名 | 姓名 | 年代及资料来源 |
| --- | --- | --- |
| 生员 | 王思永 | 清道光年间　济川公九族谱系碑 |
| 武生 | 王思金 | 清道光年间　济川公九族谱系碑 |
| 监生 | 王思亮 | 清道光年间　济川公九族谱系碑 |
| 监生 | 王思惠 | 清道光年间　济川公九族谱系碑 |
| 武生 | 王思恭 | 清道光年间　济川公九族谱系碑 |
| 武生 | 高凤天 | 清咸丰六年（1856）高氏宗谱 |
| 武生 | 高凤林 | 清同治六年（1867）高氏宗谱 |
| 庠生 | 王作揖 | 清光绪三年（1877）济川公九族谱系碑 |
| 武童 | 王海清 | 清光绪三年（1877） |
| 文童 | 王树型 | 清光绪三年（1877）王氏宗祠建修碑记 |
| 文童 | 王清玉 | 清道光三年（1823）王氏宗祠建修碑记 |
| 武童 | 王鹭鹭 | 清光绪十二年（1886）文昌阁神像供桌 |
| 仕佐郎 | 张　璨 | 清光绪十七年（1891）墓碑 |
| 监生 | 张起风 | 清光绪十七年（1891）张璨墓碑 |
| 监生 | 张　北 | 清光绪十七年（1891）张璨墓碑 |
| 监生 | 张　崎 | 清光绪十七年（1891）张璨墓碑 |
| 增广生 | 高梦魁 | 清光绪十八年（1892）高氏宗谱 |
| 江西财政厅科员 | 高锡魁 | 清光绪二十四年（1898）高氏宗谱 |
| 庠生 | 杨克家 | 清光绪三十年（1904）墓碑 |
| 生员 | 高汝梅 | 清光绪三十二年（1906）高氏宗谱 |
| 生员 | 王　亮 | 清光绪年间 |
| 生员 | 王　永 | 清光绪年间 |
| 生员 | 王　胜 | 清光绪年间 |
| 监生 | 王　寿 | 清光绪年间文昌阁神像供桌 |
| 武童 | 王正邦 | 清宣统二年（1910）墓碑 |

# 附录2 见证历史碑刻和文献①

## 高氏宗谱

赵村铺村高氏宗谱创立于清光绪十四年（1888），总管人：武生高得盛、高名瑞。经理人：高禄、高泽霖、高守约、高致昌。立簿书谱人：高守、高集义、高泽霖、高风霖、高致昌。

第一次续谱时间，中华民国二十一年（1932）正月。总管人：高魁、高梦魁、高经魁、高万和、高玉保、高连喜。经理人：高泮、高玉麟、高玉来、高辅之。续簿书谱人：高汝恒、高世昌、高锡儒。

第二次续谱时间，2003年。发起人：高际昌、高志成、高庆昌、高钧、高彦堂、高风元、高海味、高景龙、高连昌。执笔人：高际昌、高志成、高军。打印：梁玉花。

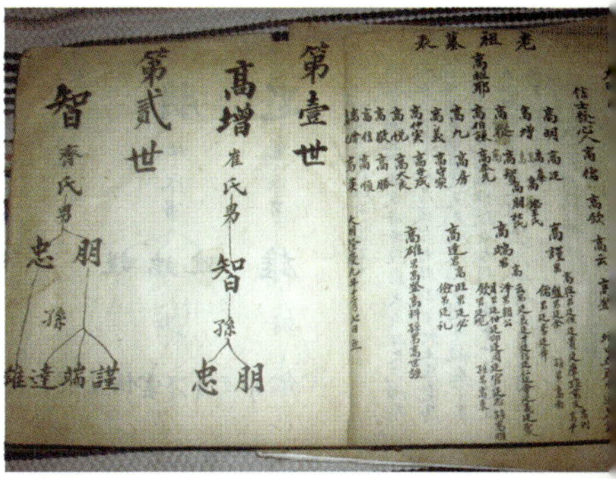

↑ 高氏宗谱

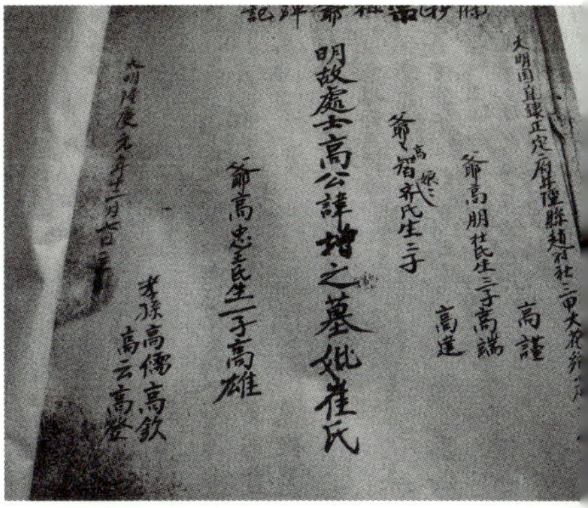

↑ 高氏宗谱影印件

## 高氏圆头碑祭台石文

国号大明自棣正定府井陉县天威郡大花乡赵村社三甲南宅祖居

①本部分资料均为一手资料，为保留资料原貌，不作改动。

后赵村铺制买地土庄宅居住，此前累朝历代天元国大元年间祖在芦威岭前山桥儿嘴祖坟后至大明正德十一年（1516）起先祖在于赵村铺东制立坟茔一所今有孝男高朋造祭石永远供养。

### 高氏圆头碑记

原立于赵村铺村东高氏祖坟，后被毁，碑尺寸不详。撰碑人：高儒、高钦。此碑文来源于高氏族谱中。

宗祖爷明故处士高增妣崔氏之墓。大明国直隶正定府井陉县赵村社三甲大花乡赵村铺居爷高朋杜氏生三子高谨、高端、高达，爷高智娘娘齐氏生二子，爷高忠王氏生一子高雄，孝孙儒高云、高钦、高凳，大明隆庆元年（1567）十二月七日立。墓碑后有老祖墓表。

↑ 龙王庙建修碑

### 龙王庙建修碑记

立于文昌阁西龙王庙遗址，1998年被毁。碑高170cm，宽65cm，厚21cm。撰碑人：高廷聚、王世祥。

碑文如下：夫龙王庙之立也系考自万历二十四年（1596）始立庙宗圣像也所立庙者谓何龙神者矣无观望之神是人命脉所关也不得乡乙邑九舟车所至人力所通靡不沾其泽悦其利也又非无关系之神亦物之□□所□也不獨君子小人九□生员草木生成无不被其思乐其惠也讵肯沾思悦惠而已耶于是□□□神降和年雨无所告处故修此庙宇圣像认慰

百姓之爱诚□目运□□庙至此碑记未完香头高见每□不完之□思不宁之□□为矣至今万历乙卯一乡之人誓心扶立工可完焉乡人之立心也其志矣哉数年不□之工不日而成非至处至诚之心焉能成工之求仗意输财之若是耶乡黨宇□成曰修立庙像于神何禅不礼诸僧人答报龙神虽立□不立也于是礼清僧人早晚诵经文可报龙神保佑之典告乙乡之处诚焉盖者诵经文者释家之末务也吾志□行释氏之真源也苦心慕缘不以利欲劫其情□□薄不以声色移其性真得□氏之是而为释氏中之君子替然吾儒之事业□矣化位为□致国家为天下之第一树业释氏虽不同途断绝俗炼之以三昧火加之以九年面壁功以造于明心见性之地此得□中之上秉吾□□致也真将有志于斯乎哉真将若是长于斯乎哉可以奉龙神为万姓之祈福矣□□请为记是明万历四十三年（1615）夏季中旬三月吉旦本村香头王世祥高廷聚郝一拱王世贤王世清高廷义王吉王改

### 高廷周王氏之墓碑

现放于高氏祖坟遗址，碑高120cm，上宽60cm，下宽58cm，厚22cm。碑额：思恩似海。碑左：直隶正定府井陉县赵村社三甲赵村铺居住孝男高香佳氏，高口佳氏，孙高守珠高守魁。碑中：明故显考高公讳廷周王氏之墓碑。碑右：媚男冯一秀，刘志正高氏，刘勉相。明万历四十三年（1615）二月十二日立。

### 龙王庙重修碑记

20世纪90年代被推倒埋入土中，2003年挖出放于遗址，2013年此碑又重立于文昌阁西龙王庙遗址，碑高178cm，宽64cm，厚

↑ 龙王庙重修碑

21cm。撰碑人：山西乐邑生员东岗村李化龙。

碑额：福田广种。碑文如下：直隶真定府赵村铺龙王庙重修碑记：业乐路福善祸淫惟神得以同其柄而补续惟庙可以济其风是神则万辰庇荫而庙则一乡之屏输也故建庙祀神良有以哉火龙王文神代天行得惠为民施雨泽令飞潜动植咸护覆□而夺命泉因天下各得□□以为生诚有功于天地布得于民物者非浅解矣实庙之当建也余考万历二十四年本村善人高见幼思朝参为使□无门为是独据己觉纠合众姓同心协力内发□诚亿金良随轻□以周施而木柱砖瓦□□而助而庙创建矣□金塔毁无人修造于是看香头高厚高亮发心重修新添钟鼓楼二所石桥一座通往惟见庙貌整素而神得其依圣像尊严而人有所仰田是而雨芳五谷丰登矣默替天工之造化硕致人心之大悦神相古人福禄善然也为是刻于否次万载不朽云同村善人施置庙后地五亩赞助单位青石岭东岗头瓮窑沟天护贾庄王舍故底北寨南寨平望铺十个村天启二年（1622）岁次夏季旬十八日立

## 高月妣李氏之墓碑

现重立于长福阁以东100米向北高氏祖坟墓地移址高月墓地。碑高120cm，宽60cm，厚19cm。撰碑人：高廷府、高廷印、高廷周、高廷志。

碑额：万载皆知。碑左：直隶真定府井陉县赵村社三甲赵村

铺居住，媚刘得用、焦廷印冯氏。碑中：明故硕德高公讳月妣李氏之墓碑。碑右：孝男高廷福马氏、高廷印冯氏、高廷周王氏、高廷官冯氏、高廷志王氏、孙高明王氏、高从焦氏、高香焦氏、高党刘氏、高阳王氏、高琳、高成冯氏、重孙高守金徐氏、高守珠高氏、高守良栾氏、高守弥栾氏、高守千李氏、高守忠、高守亮刘氏、高守孝李氏、高守清佳氏、高守魁佳氏。明崇祯三年（1630）二月二十日。

### 长福阁创修碑记

立于长福阁内，碑高120cm，宽54cm，厚19cm。撰碑人：高槐。此碑曾被推倒，2003年被发现，2006年长福阁重修后又立于阁内。

↑ 明崇祯四年长福阁创修碑记

长福阁创修碑记碑文如下：程子曰鬼神天地之功用而造化之迹也所以福善祸淫幽冥有以其报钟灵毓秀聖宇有次发其建庙祀神所由来矣况玄天上帝尊生于皇宫长于内院殆有九重之贵五位之尊者也其福不亦无量哉然□调和铅汞于深山锻炼精华于幽谷而安炉立鼎之妙降龙伏虎之功何可□纪唯有□□之形寄之迹是真四十二年后得到成佛之□也迨吾朝永乐之岁神通丕显洪军悉灭俾皇圆巩固天下国家皆得蒙天威而享福社稷灵长君臣民物皆得被神武而蒙休是以武当山修造金殿供养金神政建庙祀神之说也与本村善人高槐纠合众士屡游武党感南山之圣

凛北天文威灵遂语于众曰吾乡之东可筑一阁庶乎焚香于圣阁之内宛若礼拜于金殿之中故广输贤财独成圣事他人特小补耳但见下筑灵台以通往来修庙貌次壮观瞻且也圣阁巍巍尊神有以式其灵而昭其德金容焕焕众志有以观其光而钦其像由是人心扩诚敬天意降吉祥物阜兮山川秀民口歌兮景色辉地灵兮之光灿人杰兮才士奇斯也其长福之谓兴诚哉阁之创建大有益矣故铭于石以侍纵绩承于无疆云尔崇祯四岁（1631）次辛未孟夏癸巳中旬二日吉立功德主——高槐王氏男高应生高配天高应雷孙高景高璟高珂高瑄

### 保泰阁建修碑记

保泰阁建修碑记曾被毁，2011重修后重立于保泰阁内，碑高1.48米，宽0.62米，厚0.22米。撰碑人：高配天。

保泰阁建修碑记碑文如下：直隶真定府井陉县赵村铺建修保泰阁碑记当谓補天地之岗脉镇山川之灵秀者皆圣像森口神乎美阳故也是神能同一世屈神而庙可一乡之观望至阁曰保泰无補於天地镇於山川者哉况背面而有口之神先混浊而不为有后混浊而不为无故以三塗令大小老幼各蒙其恩九横令智愚贤否为沾其慧然广济群生慈祥不质而阁因当建矣且高明而有伏魔大帝定□三分秉烛五夜扶潢与外之功何可胜纪要之精忠奋斗列冲虹殆五小行之大概已迄今想象威灵上而上□国则觉皇图巩固下而卫民觉亿兆康宁诚有功於国家布德於苍赤者非小矣而阁不又当建也哉於是本村善人高厚高应斗高应楼高应安发诚施贡材共筑灵台均修圣造及金银钱□随轻重而布永植砖瓦由多寡而施但圣阁为完时予猶犬飞崇祯六年十月二十一日流□境后戮太甚然他乡多被其害一唯吾乡各得其生者何也谅神有以默护其间隐

祐其际故阁曰保泰洵认是耳然后善人高厚等心愈诚焉各输已赀急完止而他时小补之也惟见庙筑辉辉令尊神有所楼正今金容焕焕然令象生有所景非今由是吾乡之脉已续矣风已济矣物阜民莹地灵人杰矣易以精善之家必有余庆书云作善降之百祥信不诬也然欲书之方策恐已□之简不足以流千古欲记之者顾恐既谢之官不足以重万世故铭之以石本村庠生则文高配天撰书功德主高厚王氏长子高应楼张氏次子高应安郝氏东强县董文忠宁晋县孙治惠获鹿县娄天奉青石岭栾汝乾高亮高青高云山瓮窑沟张汝通冯白云移到阁处以补风脉善人高俊文刘氏高彪刘氏贾宝珠韩氏王家珍冯氏生员王化新杨氏 高应秋李氏高应安郝氏李氏男高德王氏崇祯八年（1635）岁次乙亥秋初旬吉日

↑ 保泰阁建修碑

## 文昌阁碑记

立于文昌阁内，碑高90cm，宽43.5cm，厚6.5cm。撰碑人：进士后选儒学王从传文。

文昌阁碑记如下：余方英年与弟子讲学三益堂忽客至缉口而坐议论良父组而谓余日是乡也高耸四塞接天地之精华西聚山川之灵秀与人文之二□也家乡之西隅再建文昌帝君阁以补之风则地灵人□斯文其永在兹乎已而□然□无形矣乎神千未可知也及晚余□至门有地伯祖王家珍口道建阁券石数条心益勃然于是欲继先人文志成先人之事因考□帝君主口于周一十七世为士大犬化生不测□□居心济人又

↑ 文昌阁再修碑

因承人之美口有学行者无不默相而由成人是诚文章之祖而道德文宗也余虽有志焉而力不逮遂伯兄王永宁生员高如升善士孟川高稳共议举伊皆概然承兄并不推然于是五人一心不惜财不心惮劳口匠石以□□□工人而效力变之萝二策文登二不逾月而容成矣美哉始基然之矢□然□末观□成也不有继其后者孰兴善起其终千幸有善人扬明张国正王汉有志固成不敢诿为□人任各捐己□□材督工庙貌巍然其下文固如竹之苞其上之密如松之嗣后五八金□圣像三人安置口隔一时告竣洋七乎真吾乡之大现也哉行见之风余心盛学士日增掇缴□木樱□相组绳绢不己则□帝君□相之功诚而容勉之言为有益也是有序张国山施银五进士后选儒学王从撰文平座五人费银六十两整王逢圣施金半箱邑庠生高昱书丹该庙三人费银六十四王永定施银一五文清龙飞乾隆十二年（1747）七月二十四日立

## 古戏楼重修碑记

现立于文昌阁西古戏楼遗址。碑高137cm，宽55cm，厚18cm。撰碑人：岁贡生王孰中，膳生王作梅。

古戏楼重修碑记如下：楼以戏各志乐也硕乐不在一时而在百世前车创而造之后人重而修之斯前后济美神人胥悦而乐为及枪无穷焉吾乡西鄙龙王庙前旧有戏楼一所为一方风光之钟至康熙三十九年（1700）因倾覆遂新改做迄今又百余年矣年深日久风雨摧残旧僮存

几与前等事本郡原庠生员高文简与众香头王开禄张瑾生王国佐高昱李俭目击心伤欲修无力因大官中有本父人捌仟伍佰余文数年间面积至一百八十余千文合乡按地每亩地四十文共□八九十千遂慨然曰楼之成其时此矣于嘉庆十三年（1808）冬纠众运石次年春与合乡同心协力经之营之不日而平台起矣□□然□未观及成□秋十月焉工庇材而楼之上下焕然一新焉□是道旁观者成口口称美仰俯观竹苞矢松茂矣不知是楼也基乃其旧局创其新竣座文余而前城乎其有余地值沟可为百世巨靓而不止为一时观□焉是为叙有楼前后左右百步内不许上窑大清嘉庆十四年（1809）九月二十日立

## 济川公九族谱系碑

碑高140cm，宽60cm，厚16cm。撰碑人：曾孙王承天。阴面记载济川公九族谱系暨高祖生员王化新九代谱：乾隆庚戌赐钦进士：王绪，贡生：王统，王作梅，王丛，王孰中，康熙辛卯科举人：王方，乾隆戊申科举王殿用，乾隆乙卯科举人：王涎，监生：王淮，王菌，王浩，王亮，武生：王思训，王朝用，王思金，庠生：王作肃，增生：王锡琳，王锡魁，生员：王化新，王哲，王端，王远，王逢圣，王鹏，王作楫，王竹，王密，王永，王承天，王作义。有功名士近30名。还记载曾祖生员王端胞伯祖堂叔王纶，移居关东棉花地，留有贾家合坟地一亩，王永泰捐古戏楼地基

↑ 济川公九族谱系碑

一所。此谱所叙“济川”，济是扶贫救穷人（病人）。川，是指横涧川，此家祖辈多是名医，王承天和长子王道清就是清末民初有名的老中医，此碑可反映出赵村铺村古文化的发展和传承，清光绪六年（1880）曾孙王承天立。

↑ 王大成墓碑

## 王大成墓碑

此碑立于杨家岭王大成墓地，碑高155cm，宽60cm，厚21cm，碑帽长76cm，宽41cm，高33cm。撰碑人：王福、王禄、王祯。碑左：井邑赵村铺赵村社三甲民籍。碑中：先考王公讳大成之墓碑。碑右：大清光绪十五年（1889）十月立。

↑ 高润墓碑

## 高润武氏合葬墓碑

此碑立于杨家岭高润墓地，碑高148cm，宽61cm，厚19.5cm，碑帽高33cm，长76cm，宽41cm。撰碑人：高万和、高万青、高万民、高万林、高万祥。碑左：井邑马山社十甲世居赵村铺，元先考孙美亨侄天成妻张氏孙平。碑中：高先祖高公武氏讳润祖秕武氏合葬墓。碑右：男天禄妻王氏、改孝妻刘氏、孙文屈氏、武妻王氏、孙万和、万青、万民、万林、万祥。大清光绪十七年（1891）十月吉日敬立。

### 高天禄王氏之墓碑

此碑立于杨家岭高天禄墓地，碑高148cm，宽58cm，厚19cm，碑帽长76cm，宽41cm，高33cm。撰碑人：高万和、高万青、高万民、高万林、高万祥。碑左：井邑马山社三甲赵村铺。男文妻屈氏，武妻王氏，孙万和妻魏氏，万青、万民、万林、妻王氏、万祥妻高氏、曾孙美亨。碑中：先考高公讳天禄秕王氏之墓碑。碑右：大清光绪十八年（1892）十月立。

↑ 高天禄墓碑

### 张燦耿冯栾氏合葬墓碑

现放于农户家中，碑高162cm，宽61cm，厚18cm。撰碑人：曾孙监生张兆。碑左：井陉县赵村铺赵村社二甲民籍。碑中：显祖考登仕佐郎张公讳燦妣耿氏冯氏栾氏合葬墓。碑右：光绪十七年（1891）岁次辛卯二月立。

### 王氏祠堂再建碑记

此碑已断为两截，放于南阁北墙下王氏祠堂，碑高80cm，宽55cm，厚15cm。碑文如下：本族生员赐箴王恕譔命甥辅周玉维输書天下事大□比暑考我王氏家庙之作也始于前清光绪五年在村掃先人開始创修灾云备矣特年深日久補茸令人屋破墙倒周每于祭掃之余目睹心伤一则令我祖宗之神灵不能以妥以侑二□家公议意于择地□移桌此逝彼将户中王联德所遗东大道地二□山放□以备后日另買祠堂公用□幸于民国三年在南街買空闲一处于民国九年族人王怀玉王玉清王□□王荣邦王樹型同心意起盖家庙三间□□大灰坑地二亩賣值大钱玖□□文以充庙用鸠工庄材庶日而功□□然于祖宗晏息之區子孙孝子□之兴□未始無小补云

经理人：王怀信王用王鉊史文童王樹型王荣邦武童王海清生员王恕王明礼王播文童王清玉王怀玉筑建经理人等。立碑时间民国三年（1914）。

### 长福阁移修碑记

记载于阁内南白墙上，碑文不全，属抢救性记载，残块碑文共七块拼兑而记载。

朔自民国成立党治维新人员打倒偶像之举积极进诚为古来原系玄天大帝神位被维新人员移摧毁净所遵遗地小校中老君神像移建于此地壮观瞻阁修村闻之无下欣欣……碑男女初小□人民之焚香祝祷钦感不便学校之扩充进行输资财金粒神像□心□力补茸残缺……

移修时间：民国二十二年（1933）正月。

## 王计英墓碑

↑ 王计英墓碑

王计英墓碑，此碑立于王计英墓地，碑高60cm，长100cm，厚10cm，碑座高50cm，长120cm，宽30cm。撰碑人：高小会、高小星、高小平。碑文如下：父母蒙难，遗下年幼三个孤儿，承蒙堂兄嫂高春光王计英收养，似如亲生，历尽艰辛，养育成人，大恩大德，难表衷情，特立此碑，略表寸心。嫂娘芳名，万世传颂。有原井陉县副县长郝建华题词《老嫂比母世间楷模》。公元二〇〇七年清明节立。

## 地契

赵村铺现存地契、分单五十份，今择几份简述，卖契人高采芳契约为印刷品，题为业主执照，楷书、格式内容，说明处由立契人毛笔楷书填写，道光年印制篆字方形印章。

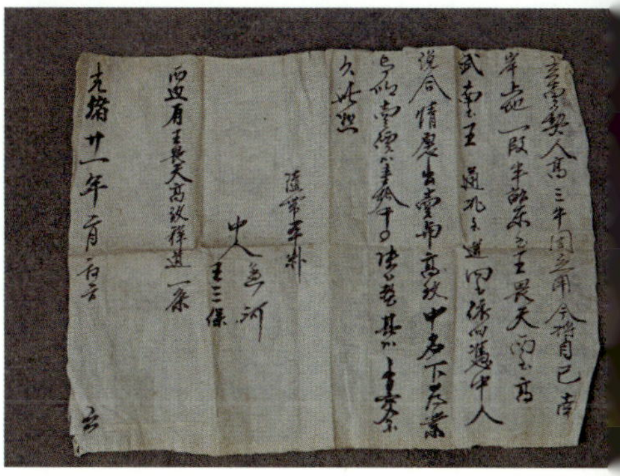

↑ 高三牛地契

卖契人高采芳十甲马山社，因乏用，有自己贾家岭山地连段三亩半，经说合人贾情作成，情愿出卖于老君会，孟德英，高朝阳永远为业，言明时价钱伍仟整，其钱当众下限同中人交足，并不短欠，恐后无凭，立卖契存照。随带征粮，岗地粮，座落村东，东至王媛、西至李春，南至高喜禄，北至高更福，书文王廷、中人贾情。道光七年六月二十五日。

立卖契人高三牛因乏用，今将自己南岸上地一段半亩，东至王畏田，西至高武，南至王通，北至道四至依旧，经中人说合情愿出卖与高致中名下为业。言明卖价壹拾千零六文整，其下当交款，立字为证，随带平粮，中人孟河、王三保。西边有王畏天，高致祥道一条。光绪二十一年二月十五日立。

立卖契人张太祥因乏用今将自己小北坡地连段壹亩伍分东至王狗眼，西至张复成，南至高服，北至卖主，四至分明，各依旧规，经中人说合情愿出卖与高和义，名下为业，言明卖价钱，叁仟玖万陆十文，其下当交欠，恐口无凭，立字为证，随带岗粮，中人张树桂。光绪四年三月二十五立。

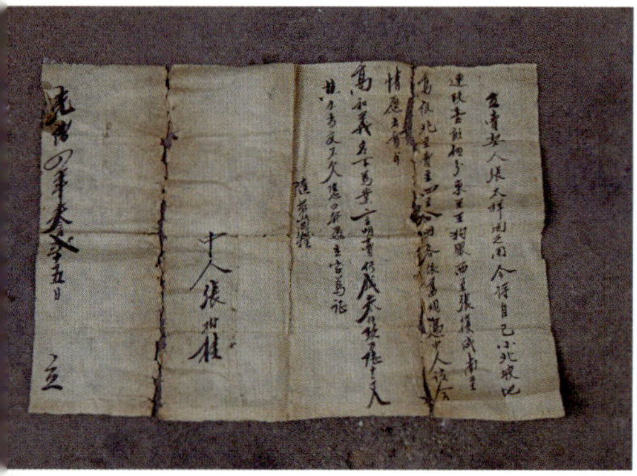

↑ 张太祥地契

立契人高占成因乏用，今将自己贾家岭连段三亩，东至王浩，西至官中南至王七斤，北至高皂，以四至分明各依旧规，凭中人说合，情愿出卖与高和玉名下为业，言明价钱，柒千陆佰文，其下当交不欠，空口无凭，立字为证，随带钢粮，中人：王鹭。光绪叁年三月二十一日。

立卖契王维清因乏用，今将自己北场一段，东至卖主，西至王万民，南至王昱文、王维藩、王万桢，北至王唤，四至分明。依旧规，土木石相连场地有旱井一眼，许王维清、王维岳用水。井坏能修大家同修，井不能够修补，地基归位。卖主凭中人说合，情愿出卖与王铺为业，言明卖价钱柒拾伍仟文，恕后无凭，立字为证，场地无粮道，在王国保场里走，前后都是自己地基，老祖将道改变，改在自己南场北边，慢石坡走，年长日久道路改去。中人：张怀玉 民国八年七月十一历史见证。

## 分家契约

二分分单，王治邦所分东北屋，瓦房二间，东至王行石墙，有道一条，西至樑东两间为业，北至王撒东坪房北两间至王珩滴水，方圆均六尺。大大北峪地东一半，南岸地四段三亩东一半，空口无凭，立字据为证，分另人王荣邦、王思、王用、王鸯、王鹤、王建邦。宣统三年十月。

高喜子分家契约一式两份，头分高喜子，北上房三间，东一间，与阶台为齐、许滴水不许为业，西瓦房两间，院子西一半与二门，西山墙为齐，大门许走不许为业，东阁北有平房三间、有茅厕一个、东北坡地六亩，小山地五亩，荣花树坪地三亩，岸上有场北一半，旱井合用。同族人：高北梅、高致阳、高汝恒、中华民国捌年十二月立。

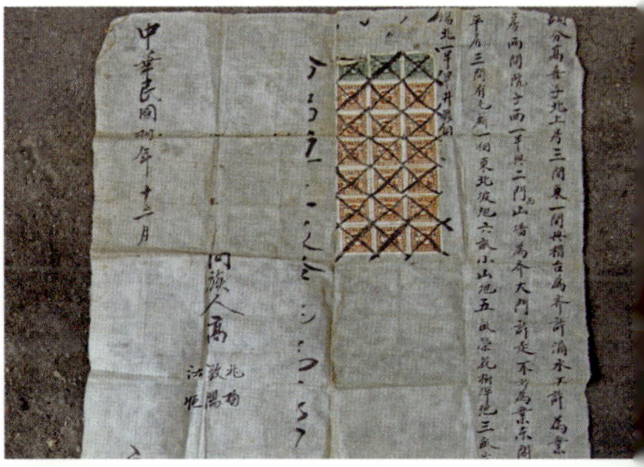
↑ 高喜子分单

分高二金、更喜，东瓦房三间，南房三间院子东一半，北房后边有茅厕一个，许走不许为业，黄岸沟地四亩，贾家岭地二亩，大道地贰亩，小北坡地壹亩伍分，高家坟边地壹亩伍分，一亩沟顺道道条地四分，岸上有场南一半，旱井合用，井老归主，同族人，高兆梅，高致阳、高汝恒，中华民国捌年十二月立。

## 土地房产证

王信土地房产所有证，河北省土地房产所有证，字第一零二七一号，井陉县（市）第四区赵村铺村居民王信依据中国土地法大纲之规定确定（全家、本户本人），所有土地共计耕地二段十二亩二分厘毫。房屋共计五间地基一段，非耕地一段，亩分毫厘均作为（本全家本户本人）私有产业，有耕种居住与卖转让赠与等完全自由，任何人不得侵犯，特给此证计开。县长：贾德功　副县长：李国华。土地坐落：小山地旱地九亩五，东至高老门，西至高叫

↓ 高连喜土地房产证

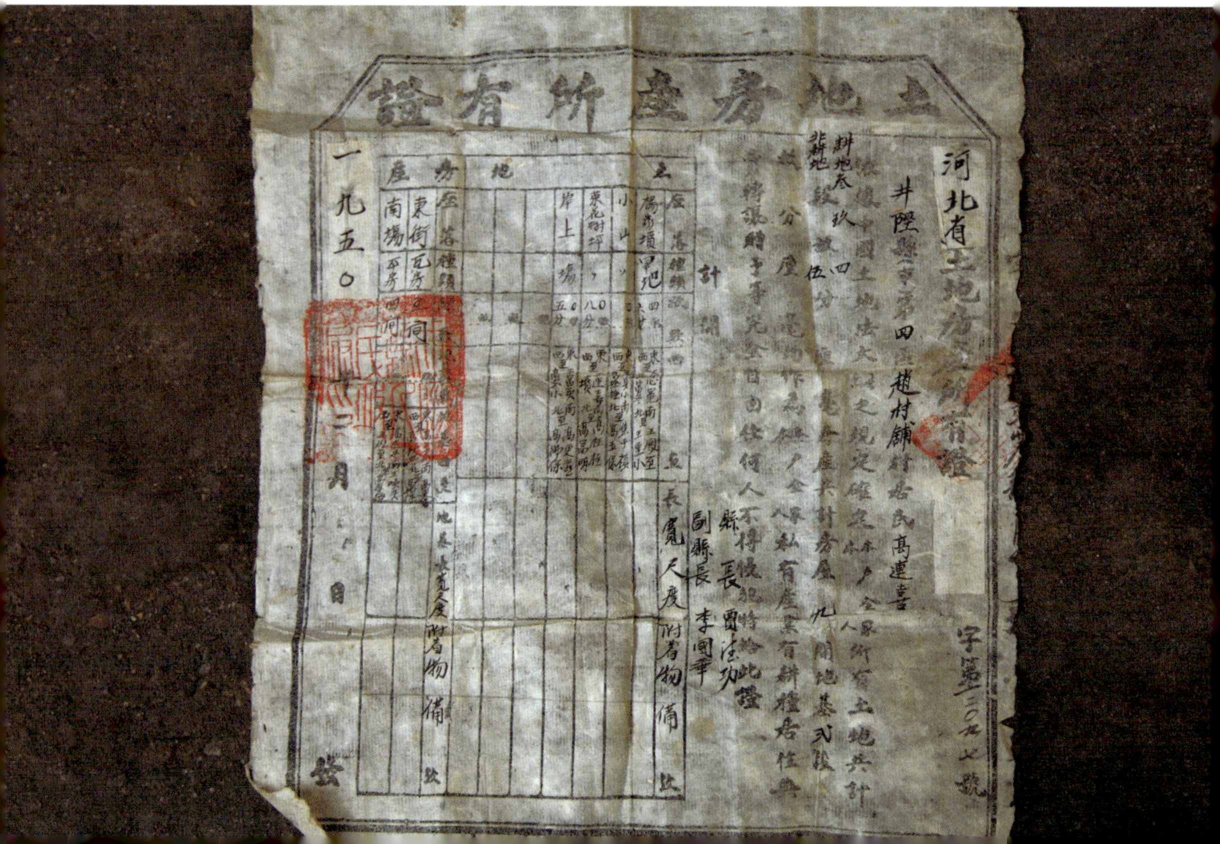

土地房產所有證

河北省土地房產所有證

井陘縣(市)第四區趙村鋪村居民高連喜

縣長 賈德功

副縣長 李國華

一九五〇年 月 日

字第 號

唤，北至王维仁，西至高老门。大道地：旱地三亩五，东至高明德西大道，北至大道，南至王美邦。西北场空栏三分，东至王破耳，西至王成邦，北至王萝魁，南至王锦文。房产坐落：东街，种类：平瓦房，间数：平四、瓦房一。地基亩数：地基四至：东至王维仁，西至孟福祥，北至王宝通，南至大街地基长宽尺度，附着物，备考：大门与王维仁合走一九五零年二月 发

字第一二零九七号，井陉县（市）第四区赵村铺村居民高连喜依据中国土地法大纲之规定确定本户全家本户本人所有土地，共计耕地三段九亩四分，非耕地五分厘毫作为本户全家本户本人私有产业，有耕种居住与卖转让赠与等完全自由，任何人不得侵犯，特给持证。

计开：县长：贾德功　副县长：　李国华

土地坐落：杨家坟　种类：旱地　亩数：四分六厘

四至：东至李心宽　西至许富冬　南至王鳳至　北至王堂小

坐落：小山　种类：旱地　亩数：四分 四至：东至王臭小　西至高拴拴　北至高玉保　南至焦千珍

坐落：榕桦树坪　种类：旱地　亩数：八分　四至：东至王连喜西至坟地　北至：高富明　南至：高桂桂

坐落：岸上　种类：场　亩数：五分　东至王富英　西至高冬小北至高佛保　南至高更喜

房产坐落：东街　种类：瓦房　间数五间　地基四至：东至高三来　西至高新春　北至高佛保　南至高更喜

房产坐落　种类：瓦房四间　地基四至：东至高述廷　西至王鳳至　北至高梦梅　南至王焕头　一九五零年二月　发

## 附录3 烈士名录

高其昌 1942年参加八路军，参加了抗日战争、解放战争。1947年任排长，1948年解放太原时壮烈牺牲。

高路春 1942年参加八路军，任排长。1945年战斗中壮烈牺牲。

高元元 生于1920年，参军、牺牲时间不明。

王志文 1944年参军，任中国人民解放军十旅二十八团二营四连三排排长，1946年入党，1947年牺牲。

高黄年 1942年参加革命并加入井陉县大队，1947年牺牲。

高瑞堂 1924出生，1939年参加八路军，参加抗日战争和解放战争多次战役，屡立战功。1948年解放太原时壮烈牺牲。

王瑞昌 生于1924年，参军、牺牲时间不明。

高恕昌 1942年参加八路军，1945年牺牲。

王有生 中共党员，怀来县新保安四纵队十旅二十八团战士，1948年牺牲。

王录奎 1966年4月入伍，中共党员，职务为连指导员，牺牲时间不明。

王金廷 1971年参加中国人民解放军七二O六部队七分队，1971年入党，1972年在老挝北本牺牲。

# 后记

2014年5月，接到井陉县文联通知，要求赵村铺村根据中国民间文艺家协会的通知，开展中国传统村落立档调查工作。我们根据井陉县文联的通知精神，在井陉县文联的大力支持下，村党支部、村委会非常重视，迅速成立了由副书记高禄淘等七人组成的中国传统村落井陉赵村铺村立档调查工作组，立即开展立档调查工作，入户调查，走访，拍照。大家起五更熬半夜，顶酷暑，冒严寒，去信函，电话联系，千方百计掌握了第一手资料，历时一年多，完成了中国传统村落井陉赵村铺立档调查、登记、拍摄工作，并已编撰成册，待出版。

↓ 编委会合照（左起依次为高禄淘、高清涛、王彦忠、杨雨来、王彦生、王桂保、王海生、高玉文）

↑ 工作人员（左起依次为高禄淘、王桂保、王文友）在清扫碑石表面

↑ 工作人员（左：王文友　右：王桂保）在挖掘石碑

2017年1月，接到井陉县文联通知，根据河北省民间文艺协会的通知精神，要求编撰《中国民间文化遗产抢救工程——中国历史文化名城·名镇·名村丛书》之《中国历史文化名村·河北赵村铺》，赵村铺党支部、村委会非常重视和支持，及时组织人员，深入调查，落实编撰工作，期间得到河北省民协主席郑一民、河北省民协副主席兼秘书长杨荣国、河北省文联民间文化遗产研究中心主任姚峰、河北省文联民间文化遗产研究中心副主任刘贤、井陉县文联主席马信的大力指导，并执笔修改。经过一年多的努力，在此书完稿之际，要对井陉县融媒体主任何柯宁、井陉视窗主任杜建文、1839摄影俱乐部以及帮助我们工作的王秋元、王永霞、王志忠、高会文、高汉平、武庆平、王润保等，表示衷心的感谢，感谢他们的支持和关心，也感谢他们提供的宝贵资料。尽管我们已作出最大的努力，但差错仍然难以避免，恳请读者批评指正。

《中国历史文化名村·河北赵村铺》编委会

2020年10月

**图书在版编目（CIP）数据**

中国历史文化名村．河北赵村铺 / 中国民间文艺家协会组织编写；潘鲁生，邱运华总主编．—北京：知识产权出版社，2021.7

（中国历史文化名城·名镇·名村丛书）

ISBN 978-7-5130-7349-3

Ⅰ．①中…　Ⅱ．①中…　②潘…　③邱…　Ⅲ．①乡村—概况—井陉县　Ⅳ．①K928.5

中国版本图书馆CIP数据核字（2020）第255027号

**责任编辑：**宋　云　赵　昱　　**责任校对：**王　岩

**装帧设计：**研美文化　　**责任印制：**刘译文

中国历史文化名城·名镇·名村丛书

**中国历史文化名村·河北赵村铺**

中国民间文艺家协会　组织编写

总 主 编　潘鲁生　邱运华

本卷主编　马　佶　高禄淘

**出版发行：**知识产权出版社有限责任公司　　**网　　址：**http：//www.ipph.cn

**社　　址：**北京市海淀区气象路50号院　　**邮　　编：**100081

**责编电话：**010-82000860转8388/8128　　**责编邮箱：**songyun@cnipr.com / zhaoyu@cnipr.com

**发行电话：**010-82000860转8101/8102　　**发行传真：**010-82000893/82005070/82000270

**印　　刷：**天津市银博印刷集团有限公司　　**经　　销：**各大网上书店、新华书店及相关专业书店

**开　　本：**720mm×1000mm　1/16　　**印　　张：**13

**版　　次：**2021年7月第1版　　**印　　次：**2021年7月第1次印刷

**字　　数：**151千字　　**定　　价：**80.00元

ISBN 978-7-5130-7349-3